クィア・スタディーズをひらく 3

健康／病，障[illegible]身体

菊地夏[illegible]飯野由里子 編著

Exploring Queer Studies 3
health/disease
disability
body

晃洋書房

シリーズ刊行に当たって

「クィア（queer）」という言葉がある。歴史的には、とりわけ同性愛の男性たちに向けられた侮蔑語として、英米圏で用いられてきた言葉である。ところが一九八〇年代後半のエイズ・アクティヴィズムとその流れを引き継いだクィア・アクティヴィズムの中で、この侮蔑語を簒奪し、自らのあり様を指し示す言葉としてあえて用いようとする人々が現れた。その過程において、「クィア」という言葉がもともと持っていた「人を恥じ入らせる呼びかけ」としての機能は無効化され、社会的に「望ましい」とされるジェンダーやセクシュアリティの規範に抵抗する政治にとって有効な視点として再機能化されていった。

日本においても一九九〇年代後半から、「普通」と見なされる「異性愛」で「(生まれつきの)男／女」以外のセクシュアル／ジェンダー・アイデンティティーズを指し示すものとして、「クィア」という言葉が用いられている。それは、LGBT（レズビアン・ゲイ・バイセクシュアル・トランスジェンダー）として細分化されていた「セクシュアル／ジェンダー・マイノリティ」を、緩やかな集まりとして表現することを可能にしている。

そしてまた、この「クィア」という言葉で表現される思想や運動は、クィア・スタディーズと呼ばれる研究領域として結実し、現在、蓄積を深めている。だが、こうした新しい動きは、いまだ一定の輪郭を伴った成果として差し出されていない。また近年、日本社会でも進んでいるように見える「LGBTの可視化」は、これまでの議論や実践の歴史と必ずしも直接つながっているわけではない。

本シリーズは、クィア・スタディーズの現段階での見取り図を作成し、その蓄積を、まだ出会えていない他者との出会いを可能にするような形で社会に送り出したいという願いから生まれた。というのも、「クィア」に関わる思想や運動、研究が発展する裏面で、放置・忘却されてしまっている問題があるように思われるからである。例えば、「女性」と「男性」との間に存在している社会的地位の違い、都市に暮らす人々と地方に暮らす人々の間の違い、異なる心身状況や経済状況に置かれている人々の間の違いはその一例である。

本シリーズは、アイデンティティ、コミュニティ、スペース（第一巻）、結婚、家族、労働（第二巻）、健康／病、障害（ディスアビリティ）、身体（第三巻）の全三巻から成る。その中で「クィア」という言葉が日本の文脈で広まっていった過程で取りこぼされてきたさまざまな問題を掘り起こしてみたい。この言葉を狭義の「セクシュアル／ジェンダー・マイノリティ」の問題の中に閉じ込めるのではなく、むしろ他のさまざまな問題や社会領域とどのように接続しているのかを積極的に示すことで、「クィア」という視点がもっている可能性を探ってみたい。

菊地夏野
堀江有里
飯野由里子

はじめに

本巻は健康／病、障害、身体をキーワードとしている。「身体」がクィア・スタディーズの初期からの根本的な問いの対象であったことに異を唱える者は少ないだろう。一方、「健康／病、障害」がクィアの世界の中心にイメージされることは必ずしも多くない。それは一体なぜなのか、またそのことはクィアの「今」の何かを示しているのかを考えることが本巻の目的であると言えるかもしれない。そしてそれは、ひるがえって「身体」がなぜ問いとなり得るのかについて新たな光を投げかける。

第一章は、クィア考古学という立場からのものである。日本ではクィア考古学はいまだなじみが薄いが、このアプローチがジェンダーとセクシュアリティを考える上であまりにも豊穣な可能性を秘めていることに驚かされる。性、性別、性差を認識するという作業が、どれだけ自分の文脈や立場や知識に依存するのか、それは単に「多様性」を意味するという平板な把握にとどまらず、自分自身、さらには今の私たち全体を揺り動かし、足場を崩すことでもある。私たちの認識からすり抜けるものを追い続けることでしか、おそらく私たちは私たちであり続けられない。

第二章も性別化された私たちの身体の認識を問う。一見して異なる印象を与えるのに対して、今ここを問うことと過去に遡及するという方法論が不可分に関連していることも共通している。前章では考古学的な物質性によって性の認識が探求されたのに対して、本章では「物質性」の言説自体が問われているのも興味深い。「過去」と異なり「現在」は、「物質性」が不均等に配分される権力構造が存在しているのだろう。「物質性」を占有する者と剥奪される者の分断は、結局のところこのように丁寧な問いと対話の積み重ねによってしか解きほぐされない。

第三章は、障害女性の介助から、身体に向きあう。「健常」とされる身体が、一人でひっそりと済ませる行為が、障害のある身体の場合、介助によって社会化されることで「にぎやかに」複数の者たちとともに行われる。それはクィアな経験の可能性を感じさせるものだろう。そして、生理という状態が、思うようにならないという意味で身体の「物質性」を具現しているとするならば、介助によって生理を経験することは、身体の物質性を変容させる試みだと言えるかもしれない。それは前掲の章で問うてきた物質性の不均衡な配分にひびをいれることになるかもしれない。

第四章は、性的マイノリティの実践として理解されてきた「カミングアウト」を、「見えない障害」の観点から考察する。これは本巻が挑戦するクィア・スタディーズと障害学の出会いを促す試みでもある。カミングアウトをめぐる基本的な概念を、障害者の経験と分析から語り直すことで得られるものは、逆に性と障害を認識する際の根本的な類似性である。

第五章は、クィア・スタディーズとディスアビリティ・スタディーズの狭間に置かれる障害のある性的少数者の経験に着目する。「残酷児」という鮮烈な命名に表現されているように、その経験は過酷で厳しい。ともに少数者の当事者によって構築された運動と経験が、排他性や差別性をもってしまうことをわたしたちは繰り返し経験している。しかしながら、それを乗り越えようとする当事者の言葉は、その少数性とは逆に普遍性をもって聞こえてくるのはなぜだろうか。

第六章は、マイノリティの中の差異とつながりを模索する。マイノリティが可視化し、承認を得ていくとき、何かが必ずとりこぼされていく。それは「ヤマダ」のように諦めるしかないことなのだろうか。同時に受けた心身の傷は不可視化される。つながるためには可視化されなければならない。だが可視化は暴力を伴うとしたら、クィアにはどのような意味があるのだろうか、私たちは立ち止まることになる。

第七章は、一九八〇年代のアメリカにおけるエイズの表象を通して、クィア理論の意味を問う。当時、コミュニティを襲ったエイズ問題がクィア理論の形成と変容に与えた役割を考察する。エイズがある意味で「物質性」を表すとするならば、クィアのコミュニティは自らを物質化しようとする力に抵抗しながらも同時に、物質性を敵ではなく内にもあるものとして捉え、交渉しながら生存することを望んだということになる。私たちの中にあるさまざまな境界を攪乱し侵犯することで、物質性を問い続けるというあり方は映画の解読によって導かれる。

第八章は、クィア理論のありかたを、ネオリベラルな資本主義経済体制とそれを支える「強制的な健常性」を通してさらに問い直す。〈フレキシビリティ〉というまさにエイズを含んださまざまな差別と抑圧をも生き延び得る身体性がクィアにおいて規範化されるならば、わたしたちはさらに密やかな物質性の限界に絡め取られている。このような問いが突き付けるものに向き合わない限り、クィアとディスアビリティをともに生き、考えることはできないだろう。

菊地夏野・堀江有里・飯野由里子

第一章

「双性の巫人」という過去の身体を読む

光本　順

はじめに

物から過去の人類史を探る考古学という学問がクィア・スタディーズと出会ったのは、二〇〇〇年を前後する時期である［光本 二〇〇九］。主に英米で展開したクィア考古学については、一つの大きな潮流となるには至っていないものの、その試みは継続的になされてきた。

過去の物質文化および身体から、クィアな現象を見出す試みはどのように可能であろうか。それは、はたして現代社会の中でどのような意味を生み出すだろうか。本章では、弥生時代後期後半〜古墳時代前期（紀元後二〜四世紀頃）に属する種子島広田遺跡の埋葬事例を取り上げる。この遺跡では、日本考古学というアカデミアの中では稀有な研究例であるが、男女両性の力を統合した「双性」力を有する特殊なシャーマンの存在が指摘されてきた。この解釈はその後、考古学と、女装および性別越境（トランスジェンダー）研究との間で異なる評価を得てきた。すなわち懐疑的な前者と肯定的な後者である。

こうした違いはどのように生じたのか。とりわけ、なぜ考古学では必ずしも肯定的な評価が得られなかったのか。本章では改めて当該資料の考古学的検証を試みる。そして過去の双性をめぐる議論が、考古学的に解釈可能な範囲と未解明な部分の双方を照らすこと、ならびにそれが現代社会と密接に関連することを明らかにしたい。

1　種子島広田遺跡と「双性の巫人」説

種子島南東の海岸砂丘に位置する広田遺跡（所在地：鹿児島県南種子町平山字広田）は、考古学のみならず異性装・性別越境に関する研究にとっても注目を集める遺跡である。広田遺跡は、一九五七〜一九五九年の国分直一、盛園尚孝、金関丈夫らによる第一〜三次発掘調査で、一五十数体にのぼる人骨と、四万点以上の豊富な貝製装飾品が出土した。弥生時代後期後半〜古墳時代の集団墓地である。

広田遺跡が営まれた種子島は九州島南隣の大隅諸島北端にあたり、南西諸島の文化と九州弥生文化の結節点に位置する。広田遺跡を特徴付ける多彩な貝製装飾品は、南西諸島からもたらされたものである［木下 一九八七］。南西諸島の貝製装飾品は、九州以東の有力者層の中で特別な価値が見出された品である。それを供給する仲介として種子島の集団は発展するとともに、自らもそれを消費した。また人骨に関する形質人類学の成果によると、広田遺跡の人々は著しい低身長の集団とされ（男性一五四・〇㎝、女性一四二・八㎝）、北部九州弥生人とは大きく異なり、縄文人と比較的類似する［中橋 二〇〇三］。東南アジアも含め、縄文人のルーツを探る上でも注目の遺跡である。こうした広田遺跡は、その学術的価値の高さから史跡に指定されている。

さて、発掘調査を担当した国分直一は、第二・三次調査時にみつかった埋葬人骨群の中に特異な埋葬形態をとる一体の男性人骨（DⅢ地区2号人骨、図1）に着目し、それを「双性の巫人」と位置付けた。(1)ここでは、双性の巫人に関する国分のまとまった論述の一つ［国分 一九七五］を取り上げたい。国分はこの埋葬の特徴として以下を挙げた［国分 一九七五：四〇］。

① おびただしい饕餮文貝符《とうてつもんかいふ》(2)（図1：3―4）を帯びる
② 竜佩型貝製垂飾《りゅうはいがたかいせいすいしょく》（図1：3―3）を佩用
③ ゴホウラ製貝輪を装着
④ 非再葬
⑤ 骨格が優形で女性的

国分は広田遺跡では①・②・④はすべて女性の特徴であり、女巫を表わすものと考えた。そして民俗学的視点も加味した結果、この男性人骨は奄美・琉球同様の女性巫人社会の中にまれに存在した男性巫人と結論付けた。また歴史民族学者のヘルマン・バウマンの研究を参照しながら、男性が女性的性格を有することで、両性の能力を統一的に具現化し、シャーマンとして高い評価を得るという普遍的とされる図式の中に本例を位置付けた。なお、国分［一九七五］に遡る報告においては、屈葬をなす当該男性人骨の埋葬姿勢の脚の屈折角度が、他の男性人骨とは異なる点も指摘もされている。(3)

さてこうした国分の提起に着目したのが、女装および性別越境(4)の文化史的研究を行う三橋順子である。国分説を支持した上で、女装者が男／女の区分を越境・統合する特殊な力、すなわち「双性力」

図1　広田遺跡DⅢ地区2号人骨検出状況と伴出遺物

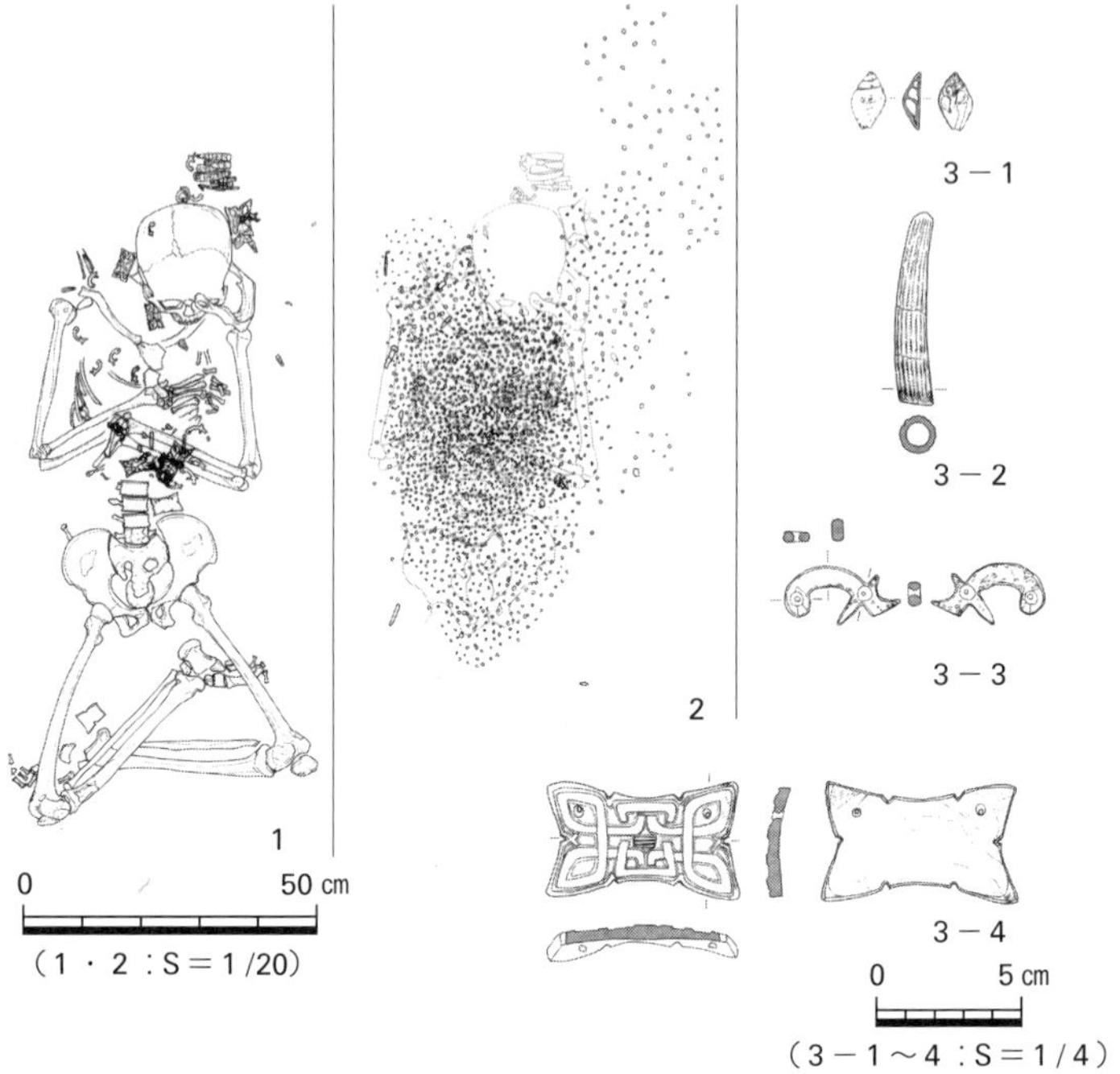

1：人骨と出土遺物（貝玉以外）の平面図、2：貝玉出土状況、3－1：貝玉（ノシガイ珠）、3－2：貝玉（ツノガイ珠）、3－3：竜佩型貝製垂飾、3－4：貝符

出典：桑原編［2003］より図面を引用し作成。

をもつ存在とみなされた事例として広田遺跡の例を取り上げた［三橋 二〇〇八：三七―四五］。そして双性力を重視（畏怖・畏敬）する考え方、すなわち「双性原理」が南西諸島だけでなく日本の古来より存在したことを、民俗例や『日本書紀』を取り上げながら論じた。

以上、国分の双性の巫人説の概要とそれに賛同する研究者の見解をみてきた。日本考古学において異性装・性別越境の考古学的証拠を指摘する研究自体がいまだ希少である現状からみても、国分の解釈は貴重である。ではこの説はその後どのように日本の考古学界において展開したのか。次節でその学史を追ってみよう。

2 双性の巫人説に対する考古学的評価

双性の巫人説に対する考古学界の評価を探るのに際し、考古学における基本的な研究過程を確認する必要がある。一般的に発掘調査においては、発掘後の整理・研究を経て報告書を刊行することが不可欠である。この遺跡調査報告書が各自治体や大学、図書館等に配布され、その後の調査研究等にいかされる。広田遺跡の場合、一九五七～一九五九年の発掘に関しては、まず考古学の学術誌等にその概要が報告された［国分・盛園 一九五八ほか］。しかしながらそれらはいずれも概要報告であり、データとしては断片的である。発掘で得たデータの全体像を記載し、遺跡の歴史的意義を総合的に考察する待望の正式報告書が刊行されたのは二〇〇三年である。これは、膨大かつ複雑なデータ・資料に向き合った関係機関・諸氏の熱意と粘り強い探究の集大成といえる。

この正式報告書作成のための整理・研究を担った一人である矢持久民枝は、データの洗い直しで得た知見をもとに、報告書刊行に先立ち双性の巫人説の再検討結果を含む論文を公表した［矢持 二〇〇〇］。結論からいえば、矢持は国分の説に否定的な見解を示した。その根拠についてみてみよう。矢持は埋葬姿勢ならびに「貝輪」（国分の論拠③のゴホウラ製貝輪を含む）と「貝符」（同じく論拠①の饕餮文貝符に該当）の男女保有率に着目した。まず貝輪の男女保有率については、男性：女性のそれがほぼ一：二となり、女性が保有する場合が多いことを指摘した。一方、国分らが女性特有の遺物とみなしてきた貝符については、女性に多い傾向はあるものの男性にも一定数みられるとした。すなわち、貝符の存在をもって女性的とはみなせないことを示した。こうした貝輪と貝符に関する再検討から、双性の巫人とされてきた男性人骨の保有する貝製装身具は、女性特有とは必ずしもみなすことができないと結論付けられた。一方、埋葬姿勢については、脚の屈折度合いが広田遺跡の他の人骨に比べて女性的とまではいえないとしつつも、特異である点を指摘した。

その後、二〇〇三年に刊行された正式報告書では、双性の巫人説は事実報告部分にも研究者らの考察篇にも、それらの総括部分にも記載されていない。双性の巫人とされてきたＤⅢ地区２号人骨（以下の記述では「ＤⅢ－２号人骨」と呼称）に関する事実報告箇所では、人類学的に成年男性（二〇―三九歳）と判断されたこの人骨について、「おびただしい数量の小珠類、貝符、竜佩型貝製垂飾を伴うのは異例」［桑原編 二〇〇三：一八〇］と指摘するが、双性的か否かの評価は避けられた。双性の巫人が直接登場するのは、調査者の国分と盛園尚孝の連名によって一九五八～一九六〇年に公表された調査概要の再録部分［国分・盛園 二〇〇三］である。すなわち双性の巫人については、正式報告書において、調査担当者の所見として記載こそされたものの、積極的に検証されているわけではない。結果的に双性の巫人説は報告の本筋の中では触れられていない。

図2　史跡整備された広田遺跡

石柱は埋葬人骨の位置を示す。筆者撮影（2017年11月11日）

正式報告の後、南種子町教育委員会は二〇〇四〜二〇〇六年度にかけて、広田遺跡の範囲と埋葬遺構等の広がり、周辺遺跡との関係を確認するために追加の発掘調査を実施した［石堂ほか編 二〇〇七］。二〇〇七年度には国の文化審議会が広田遺跡を国の史跡に指定するよう文部科学大臣に答申し、二〇〇八年三月二八日の官報告示をもって広田遺跡は国の史跡に指定された（図2）。史跡指定の理由は南種子町教育委員会WEBサイト[5]によると、広田遺跡が「貝製装身具と人骨が良好に残っており、生活風習や埋葬習俗のありかたを知ることができる貴重な遺跡」であり、「日本列島の弥生、古墳時代社会と南島社会の接点における社会・生活のあり方や、日本の文化形成の多様性を知るうえで重要な」遺跡であるためである。こうした総合的評価に異論はないが、学術的価値が議論される際の基礎となるのは調査報告書である。二〇〇三年の報告書で肯定的評価がなされなかった双性の巫人が、広田遺跡の学術的価値の一部に含まれる余地ははたしてどれほどあるのだろうか。

一方、詳細な整理・研究成果が公表されたことにより、DⅢ-2号人骨に関する新たな研究も生まれている。新里貴之

図3　特別な広田人（DⅢ地区2号人骨）の復元立像模型（広田遺跡ミュージアム）

筆者撮影（2017年11月11日）

は、DⅢ-2号人骨が唯一の埋葬姿勢であることと、遺跡内最多の貝製装身具を有することに加え、その埋葬位置が他の埋葬施設に囲まれていることに着目した〔新里 二〇〇九：一六二〕。こうした埋葬の状況から、新里はDⅢ-2号人骨が他の人骨より特権的地位を得ていたものと評価した。また特定個人が優位に扱われる状況が、西日本の有力者層の間で流行した貝製装身具文化を逆に取り入れることで成り立つものと考え、島嶼部における社会の階層化・複雑化を示すものと評価した。双性か否かの判断こそ保留されているようであるが、DⅢ-2号人骨の歴史的性格を明らかにした点に意義がある。

二〇一五年には、史跡整備された広田遺跡のガイダンス施設として広田遺跡ミュージアムが開館した。この博物館では、DⅢ-2号人骨の生前の姿を復元した模型立像（図3）や、同人骨を含む広田遺跡の埋葬風景の模型などを用いながら、その埋葬のあり方を「特別な広田人」として位置付けるとともに、その解釈としての双性の巫人説も一学説として紹介している。つまり展示のスタンスは正式報告書に基本的に依拠しつつ、双性の巫人説も各所で取り上げることで、よりバランスの取れた内容となっている。解釈の多様性の提示は、展示方法として望ましいあり方といえる。

3 クィア考古学的再検討

（1）考古学的データの検証

遺跡調査報告書の事実記載では、執筆時に不確かと思われる点を主張することは憚られる。したがって、報告後に改めてその判断の論拠について検証することも時に必要となる。なぜ双性の巫人説が正式報告書において結果的に肯定的とはいえない評価となったのかは定かでない。ここでは矢持の先の論文を例にとろう。矢持は人骨から推定される性別すなわちセックスと、貝製装身具の副葬が高い頻度で対応する場合をもって、貝製装身具の副葬にジェンダー表象機能が存在するという考えを基礎としている。ここでいうジェンダーはあくまで男女であり、性別二元論にもとづくものである。しかしセックスと対応する副葬のみをジェンダー表象とみなすこうした論法では、異性装という現象をそもそも見出すことが不可能である。異性装という現象が生じた場合、当然ながらセックスによる男／女とジェンダーの男／女が交差する場面が生じる。従来の議論は、考古学的データにみるこうした対応関係の揺らぎを評価することはできない。なぜならば男／女というセックスを指し示さない貝製装身具は、元来ジェンダーを表象しないものとしてみなされ、ジェンダーに関する議論からあらかじめ排除されるからである。こうした性別二元論にもとづく論法は、本事例に限ったものではなく、古墳時代の人物埴輪の研究でも同様である［光本 二〇〇六］。

このように双性の巫人説に対する検証には、人骨にみる男／女の性別（セックス）に対応して副葬される貝製装身具のみをジェンダー表象とみなすという前提を取りやめることが必要である。その上で、人骨と貝製装身具との関係にみる「通常の」結びつきとそれとは異なる結びつきの双方を把握しなければいけない。ここで二〇〇三年報告をもとに、改めて双性の巫人説の妥当性について検討しよう。本章の検討で参照するのは、木下尚子が示した広田遺跡の貝製装身具に関する詳細な研究成果［木下 二〇〇三］である。木下は埋葬遺構の層位と貝製装身具から埋葬遺構の分類を行った。木下によると、DⅢ－2号人骨は「下層類型Ⅰ」グループに属する。このグループは、貝製装身具の特徴から、弥生時代後期後半～古墳時代前期という時間幅に属する一群である。このグループの埋葬主体は一〇基存在する。その内、性別の分からない複数埋葬の一遺構を除き、小児人骨のため性別判定が困難な一例を含む九体の埋葬主体を対象に検討しよう。人骨の性別と貝製装身具の関係を、木下による貝製装身具の集計表にもとづき示したのが表1となる。

表1をみると、人骨の男／女区分にそのまま一致するのは貝輪である。貝輪の有／無の関係が人骨の女／男と対応するからである。竜佩型貝製垂飾については、男性人骨三体すべてに伴うが、女性人骨に関しては五体のうち一体のみに伴う。したがって竜佩型貝製垂飾には男性的な傾向がみられ、その数量ではDⅢ－2号人骨が突出する。貝符については、男女ともに伴う。一方、その数量をみると、DⅢ－2号人骨が最大の九個体であり、それに次ぐのが女性人骨の三～六個体、DⅢ－2号人骨を除く男性人骨二体はいずれも一個体を有する。すなわち、貝符は女性人骨に多い傾向があるものの、それを凌駕する量を男性のDⅢ－2号人骨が保有するとみることが可能である。貝玉（図1：3－1・3－2）については、DⅢ－2号人骨を除けば、小児人骨や女性人骨に比較的多い傾向がある。

このようにみると、DⅢ－2号人骨は貝輪と竜佩型貝製垂飾は男性的特徴を示すのに対し、貝符では女性的特徴を示すといえる。また、数量において最大となることを考慮すれば、DⅢ－2号人骨に

表1　広田遺跡における人骨と副葬品の組み合わせ

人骨番号	人骨				埋葬形態	竜佩型垂飾	貝輪	貝符	貝玉					有孔円盤状品	ヤコウガイ容器	ガラス玉類	貝製品合計
	男性	女性	年齢	抜歯					貝玉合計	イモガイ	ツノガイ細型	ツノガイ太型	ノシガイ類				
1次調査S1号人骨	1？		若年	不明	強い屈葬	2		1	184	87	87	7	3		1		370
DⅦ地区1号人骨	1		若～成年	右上I2	側臥屈葬	3		1	87	69	17	1					175
DⅢ地区2号人骨	1		成年	右上I2C	立膝屈葬	25		9	10064	6272	2185	1584	23			1	20138
DⅡ地区4号人骨			小児		強い伏臥屈葬	8		2	2653	1950	564	109	30		1	12	5321
C地区5号人骨		1	成年	右上I2C	強い屈葬	4	1	6	750	617	110	21	2		1		1508
A地区5号人骨		1？	成～熟年	不明	不明		23	6	123	1	112	10					275
C地区11号人骨		1	成年	なし	屈葬		13	4	1095	1044	33	13	5	2			2209
A地区4号人骨		1	成年	左上I2C	強い屈葬		8	3	143	97	3	6	37				297
EX地区1号人骨		1	成年	右上I2	強い屈葬		4	1									5

データは木下尚子[2003]の成果に依拠する。　人骨・貝製装身具の数値は数量を示す（空白のセルはゼロ）。貝製装身具の種類ごとに最も量が多いものを網掛けした。

ついては竜佩型貝製垂飾で男性性が、貝符で女性性が強調されたとする解釈も成り立つ。したがって貝製装身具の副葬により、DⅢ-2号人骨が男性的ジェンダーと女性的ジェンダーの双方を有することは明らかである。

従来の見解と今回の結果を比較してみよう。国分が女性的様相とした①饕餮文貝符については、今回の結果と一致する。しかし同じく国分が女性的とみなした②竜佩型貝製垂飾については、逆に男性人骨に伴う結果となった。また女性的様相とは評価がなされなかった③ゴホウラ製貝輪については、再整理時の記載ではDⅢ-2号人骨には伴わないようである。また、貝輪と貝符の男女保有率に関する矢持の分析結果と今回の結果については、対象資料の母数が異なるため一概に比較はできない。本章では木下が提示した下層類型Ⅰグループに限定して分析することで、埋葬人骨間の関係がよりシンプルにみえてきたものといえる。一方、埋葬姿勢の要素はそれほどジェンダー間の差は生じていないが、DⅢ-2号人骨の立膝屈葬が他と異なる点については注目に値する。

したがって、事実関係の点で国分の理解とは異なる部分もあるものの、今回の結果はDⅢ-2号人骨に双性的要素を見出すことを支持するものと判断できる。DⅢ-2号人骨では貝製装身具の種類と数量によって、セックスと貝製装身具の通常の結びつきを追認する場合と撹乱する場合の二者が認められる。この両者の混交が双性的存在の基礎となったものと考える。

一方、DⅢ-2号人骨以外にも双性的状況を見出すことは可能と考える。女性人骨であるC地区5号人骨は、男性的な竜佩型貝製垂飾を唯一有し、かつ女性的な貝輪の数量が少ない。また、小児人骨が竜佩型貝製垂飾を有する一方、女性に多い傾向のある貝玉を多量に保有する点も、双性的あり方を示唆する可能性がある。したがって、下層類型Iグループが截然とした男／女のジェンダー区分を前提とする共同体であり、その中でDⅢ-2号人骨にみる双性的様相が唯一特異な形で成立したとみることは妥当ではない。むしろ、ジェンダーは貝製装身具という物の種類と数量を通じて微細に生み出された。そうしたジェンダーがセックスと交差することで、男／女のジェンダーと同時にその区分を越境するジェンダーが成立した。男／女のジェンダーの越境がとりわけ特徴的に表れたのがDⅢ-2号人骨であったと解釈できる。

（2）身体の歴史性

ここまでの議論では双性的ジェンダーを見出す際に、人骨に関する人類学的所見を前提として参照してきた。人骨による性別判定では、主として出産にかかわる骨盤の形態差が判断の基礎となり、確実性は劣るものの頭蓋骨の形態差も参照される場合がある［谷畑・鈴木 二〇〇四：七六―七九］。セックス区分と貝製装身具の副葬によるジェンダー区分とが、全体としては相関する傾向を先の分析では認めた上で、双性的現象を読み解いてきた。そのようなデータのあり方からみると、人骨が物語るセックスが当時においてもジェンダー区分にかかわる身体的な参照点として機能したこと自体は認めるべきものと考える。しかし、ジェンダー区分における肉体に関する当時の人々の認識については判然としない点も多い。今回の場合、出産にかかわる身体部位の違いを人々が考慮していた可能性は指摘しうるものの、身体に関する知の具体相まではわからない。例えば赤阪俊一によると、中世西欧は性別が体温や湿度の高低差によって認識された社会だとされる［赤阪 二〇一〇］。ジョーン・スコットによる「肉体的差異に意味を付与する知」［スコット 一九九二：一六］としてのジェンダーに立ち返るならば、弥生〜古墳時代において身体的差異がどのように認識されていたのかという問題を考察する必要がある。

広田遺跡を営んだ人々の身体認識の総体を直接知る術を探すことは心許ない。ここでは参考として、弥生時代から古墳時代の西日本における身体表現から考えてみたい。広田遺跡が西日本弥生農耕社会と密接な関係があったことは、先の新里の研究による貝製装身具の多量副葬をめぐる評価からもうかがえる。また、広田遺跡人骨の安定同位体分析からは、広田遺跡の人々が稲を栽培していた可能性も指摘されている［金関 二〇〇三：三八四］。海浜部に位置する広田遺跡であるが、その人骨は水産系食物摂取の多さが指摘される福岡県山鹿遺跡縄文人よりも、山口県土井ヶ浜遺跡弥生人や福岡県金隈遺跡弥生人という弥生人の範疇に収まるものとされているからである［小池 二〇〇三］。したがって、西日本の様相と対比することには一定の意義があるものと考える。

まず、異なる二つの性がペアとなる造形自体が、歴史的産物であることが近年の研究で明らかにされている。日本列島における男女一対の人物造形品の出現は、弥生農耕社会の成立と軌を一にする〔設楽 二〇〇七〕。

異性の表現は、立体的造形物だけでなく、銅鐸や土器に描かれた弥生時代中期の近畿地方を中心に展開した平面的な絵画にも認められる。銅鐸絵画の人物表現は、性象徴を直接的に表現する身体描写よりも、一方で弓を使った狩猟、他方で脱穀という労働内容の違いと、二種類に分かれる髪型の形態が組み合わさることで、性別が表されるものと考えられる〔佐原 一九六八；都出 一九六八；佐原・設楽 二〇〇二〕。こうした身体表現は、その性別がセックスよりもむしろ、ジェンダー（狩猟／栽培という労働内容ならびに髪型）による二区分で成り立つものと考えられる。

弥生時代後期になると、労働内容を示す身体表現に依拠しないジェンダー表象が出現した。それは、顔面のみを表現する絵画資料（銅鐸や土器）であり、北部九州に端を発し、瀬戸内海以東へと展開した。こうした資料には、顔にイレズミが表現されたものと、表現されないものがある。「魏志」倭人伝の研究によると〔吉田 一九九五〕、イレズミの風習は男性ジェンダーに限られていた。したがって、少なくともイレズミを有する顔に関しては、その顔の表現だけで男性ジェンダーを表象したものと考えられる。さらに、こうした顔や頭部を重視する傾向は、弥生時代後期後半から古墳時代前期における墳墓・古墳の副葬品の配置方法、すなわち頭部周囲に鏡や鉄製品、装身具類を集中的に配置する方法にも当てはまる。筆者は、列島内でいち早く階層化が進んだ北部九州社会において、上位者を重んじる思想が出現したことが、上部の身体部位である頭を重視することにつながったものと考えている〔光本 二〇〇六〕。すなわち、顔や頭部が、階層とジェンダーを表示するという独特の身体観が成立したものと考える。広田遺跡のＤⅢ-2号人骨は、この段階に並行する時期の所産である。ここでＤⅢ-2号人骨の貝製装身具の出土状況に改めて着目すると（図1：1・2）、それが上半身に集中し、かつ頭部周囲に貝符や竜佩型貝製垂飾、貝玉（太型ツノガイ珠）が認められる点は注目に値する。種子島における副葬品の配置方法に関する通時的検討が本来必要ではあるが、こうしたあり方は弥生時代後期末から古墳時代前期の副葬品配置の原則とも合致するからである。想像力をたくましくするならば、頭部を中心に女性ジェンダー的なもの（貝符、貝玉）と男性ジェンダー的なもの（竜佩型貝製垂飾）の双方を施すことで、ＤⅢ-2号人骨の双性的性格を象徴的に表現したものと考える。

まとめると、広田遺跡の人々のジェンダー認識の形成過程には、貝製装身具が男性／女性人骨と一定の対応関係をみせることから判断すると、両性の身体のつくりに関する何からの知が存在した。一方で、身体をめぐる知の一部については、西日本弥生社会・古墳社会との関係の中で歴史的に形成された可能性がある。ＤⅢ-2号人骨が特権的な個人として認識されていた要因が、その双性的性格であったか否かは厳密にはわからない。しかし、広田遺跡の人々が貝製装身具を身にまとうだけでなく、顔・頭部を重視する身体観も含めて西日本社会を意識していたのであれば、双性的性格が卓越した個人の属性となった可能性は存在するものと考える。

4　クィアな過去の現在性

考古学が過去のクィアな現象を論じるためには、まずはそれを見出すための「読み」が必要となる。広田遺跡を事例に検討してきた通り、それは現代の異性愛規範に根ざした性別二元論にもとづくジェンダー観に批判的に向き合わない限り、存在自体が無かったものとされる。すなわち、男性に伴う副葬品や女性に伴う副葬品のみをジェンダー表象とみなしていては、双性的事例のような物と身体との結びつきを捉えることはできない。むしろ、考古学の専門用語でいうところの考古資料の「組み合わせ（アッセンブリッジ）」や、物が他の物／身体を指し示す関係が、通常とは異なる場面も含めてジェンダーを導く必要がある。

こうした試みは、現代の考古学者の考え方に対する意図的な異議申し立てでもある点で、クィア考古学の批評的性格に立脚している。本章で示したような状況を過去の歴史の一場面としてのみ記述するのであれば、それはクィアな研究とは必ずしもいいがたい。DⅢ-2号人骨がクィアな考古資料として位置付けられるとするならば、それは過去と現在との緊張関係に向き合う瞬間である。

ここで問題となるのは、クィアな過去の有する現代的性格の行き先である。女装・性別越境から日本の通史を再構築する研究においては、先述の三橋の主張にも認められたように、女装・性別越境を日本の基層文化へと接近させる場面がみられる。あるいは異性装を生み出す基盤として、セックスとジェンダーの双方から形成されたユニセックスな美意識が「魏志」倭人伝に記された3世紀以来の日本前近代社会を通底するものと評価した武田佐知子の研究にも当てはまる［武田 一九九八］。これらは、通念的理解に対抗しうる過去の身体の輪郭を、基層文化という形で主流化し、実体化する試みともいえる。

日本とは社会状況が異なるが、英米における近年の取り組みも、ＬＧＢＴＱの歴史の主流化という点では類似する。英国の文化財保護団体「ヒストリック・イングランド」では、「ＬＧＢＴＱヘリテージ」としてＬＧＢＴＱにかかわる歴史遺産を保護、普及啓発する取り組みがなされている(6)。こうしたクィア・ヘリテージは、社会的包摂カテゴリーの中の一つとして、奴隷交易、障害者、女性の各歴史と並列されたものである。つまり、LGBTQの歴史とその遺産は、社会的包摂のもとに国レベルの正史の一部となる。同様の例に、アメリカ合衆国内務省が管轄する国立公園のWEBサイトには、「LGBTQヘリテージ」を紹介するコーナーが挙げられる。(7) こうしたあり方は、公民権運動とともに同性愛者解放運動が展示される、近年のアメリカ合衆国の博物館でも同じく見受けられる現象である[光本 二〇一三]。

こうした主流化を求める動きが、現実の性的マイノリティの自己肯定に大きく貢献する、教育的・啓発的意義は高い。過去の身体に自らの身体を重ね合わせるという過去と現在の同一化自体は、例えその共通性が僅かであったとしても、歴史を知るための原動力ともなる。公的な歴史としてあまりにも語られない日本においてはなおのこと、そうした読みが異性愛規範にもとづく社会通念への対抗的試みともなる。

しかし同時に気がかりなのは、LGBTQの歴史の主流化が、あらゆる不確かなものを捨象した上で、歴史的に「変わるもの／変わらないもの」(あるいは文化／自然、特殊／普遍)という区分を過去の世界に再設定しかねない点にある。この線引きが「変わるもの」に対する「変わらないもの」の優位性および規範性(例えば「男と女は今も昔も変わらない」という暗黙の了解)を生み出してきたとすれば、後者に異性装・性別越境やLGBTQというカテゴリーを追加することでその規範を揺るがすことにつながるだろうか。むしろ「変わらないもの」(宿命)とされてきた領域の歴史化に取り組むこともまた、ジェンダーやセクシュアリティに関する歴史研究の方向性の一つと考える。これは、弥生時代〜古墳時代の身体観が時期と地域、そしてその社会構造によって変化するという認識に立つ筆者が、前近代社会を一括りにして「日本古来の伝統」や「基層文化」を描こうとする見方に資料レベルで賛同しえないからだけではない。本章において、広田遺跡の歴史的脈絡に多少とはいえ拘ろうとしてきたのは、過去の肉体認識の不可思議さであり、それを復元することの不確かさに他ならない。「男と女は今も昔も変わらない」という異性愛規範的前提も巻き込んで、過去のセックスとジェンダーという未解明な関係自体を明るみにすることも必要ではなかろうか。すなわち、不確かさを常識的理解で埋め合わせるのではなく、学術的に問い続けるべき課題として開いていくことも、過去の身体を読む際の取り組むべきテーマとなるものと考える。

おわりに

本章では、かつて種子島の広田遺跡で見出された双性の巫人を取り上げ、その学史的検討と分析を行ってきた。証明しえないという意味も含めて、結果的に考古学において語られない事項となってきた広田遺跡の双性の巫人説が、検討の結果成り立つことを主張してきた。同時に探究の手がなかなか届かない領域の存在から、その輪郭はおぼろげでもあった。しかしそのことはクィア考古学的試みの限界というよりもむしろ可能性ともなる点を示すことができたならば、本章の目的は達成されたこととなる。

註

（1）国分直一と盛園尚孝が一九五八〜一九六〇年に発表した調査概要〔桑原編 二〇〇三所収：国分・盛園 二〇〇三〕、金関丈夫が一九六三〜一九六四年に『朝日新聞』（西部版）へ寄せた論考「発掘から推理する」〔金関 一九七五所収〕ならびに金関丈夫〔一九六六〕「種子島広田遺跡の文化」『FUKUOKA UNESCO』三号（同所収）は、広田遺跡の埋葬人骨に双性的存在を認めた、発掘から間もない初期の見解として挙げられる。

（2）国分の論考原文は「饕餮文貝札《とうてつもんかいさつ》」であるが、「貝札」という名称については、木下〔一九八七〕に従い「貝符《かいふ》」と呼称を統一する。また、次の項目でも原文は「竜形ペンダント」とされるが、桑原編〔二〇〇三〕報告書で使用されている「竜佩型貝製垂飾」として用語を統一する。

（3）桑原編〔二〇〇三〕報告書中の再録〔国分・盛園 二〇〇三：二三〕にもとづく。

（4）三橋は、女装を「身体的な男性が女性の服飾（衣服・装飾品・髪形・化粧）を総体的に身にまとうこと」〔三橋 二〇〇八：二四〕、異性装を「身体とは別の性別の服飾を総体的に身にまとうこと」〔同二五〕、性別越境を「見かけの服飾だけで無く、しぐさや言葉使い、社会に役割真伝も身体とは逆の性別のそれを行う場合」〔同二五〕と定義する。本章では三橋の用語に従う。

（5）http://www.town.minamitane.kagoshima.jp/education/bunkazailist/hirotaiseki.html（２０１７年10月30日アクセス）

（6）Pride of Place: England's LGBTQ Heritage, Historic England. https://historicengland.org.uk/research/inclusive-heritage/lgbtq-heritage-project/（２０１７年10月30日アクセス）

（7）LGBTQ Heritage, National Park Service, US Department of Interior. https://www.nps.gov/subjects/tellingallamericansstories/lgbtqheritage.htm（２０１７年10月30日アクセス）

＊付記　脱稿後、広田遺跡の事例分析の詳細については、以下で発表を行った。
MITSUMOTO, J. 2022. Bodily Representation and Cross-dressing in the Yayoi and Kofun Periods. Japanese Journal of Archaeology: 9(2), 189–210.

引用文献

赤阪俊一［二〇一〇］「異性装のジェンダー構造」赤阪俊一・柳谷慶子編『ジェンダー史叢書』八　生活と福祉、明石書店、四六―七一。

石堂和博・徳田有希乃・山野ケン陽次郎編［二〇〇七］『広田遺跡』南種子町埋蔵文化財発掘調査報告書一五、南種子町教育委員会。

金関恕［二〇〇三］「総括」桑原久男編『種子島広田遺跡』鹿児島県立歴史資料センター黎明館、三八一―三八四。

金関丈夫［一九七五］『発掘から推理する』岩波書店。

木下尚子［一九八七］「貝符」金関恕・佐原眞編『弥生文化の研究』八、雄山閣、一九八―二〇七。

――［二〇〇三］「貝製装身具からみた広田遺跡」桑原久男編『種子島広田遺跡』鹿児島県立歴史資料センター黎明館、三二九―三六六。

桑原久男編［二〇〇三］『種子島広田遺跡』鹿児島県立歴史資料センター黎明館。

小池裕子［二〇〇三］「種子島広田遺跡出土人骨の安定同位体分析について」桑原久男編『種子島広田遺跡』鹿児島県立歴史資料センター黎明館、二九五―二九六。

国分直一［一九七五］「双性の巫人――特に南西諸島の事例について」『えとのす』三、三九（四）。

国分直一・盛園尚孝［一九五八］「種子島南種子島町広田の埋葬遺跡調査概報」『考古学雑誌』四三（三）、一五三―一八三。

――［二〇〇三］「調査の経緯と概要」桑原久男編『種子島広田遺跡』鹿児島県立歴史資料センター黎明館、二一―二八。

佐原真［一九六八］「銅鐸の美」『日本美術工芸』三六三、一九―二八。

佐原真・設楽博己［二〇〇二］「古代へのいざない――魏志倭人伝の考古学」設楽博己編『三国志がみた倭人たち――魏志倭人伝の考古学』山川出版、三―一五。

設楽博己［二〇〇七］「弥生時代の男女像――日本先史時代における男女の社会的関係とその変化」『考古学雑誌』九一（二）、三二―七九。

新里貴之［二〇〇九］「貝塚時代後期文化と弥生文化」設楽博己・藤尾慎一郎・松木武彦編『弥生時代の考古学』一、一四八―一六四。

スコット、ジョーン・W.［一九九二］『ジェンダーと歴史学』荻野美穂訳、平凡社。

武田佐知子［一九九八］『衣服で読み直す日本史』朝日新聞。

谷畑美帆・鈴木隆雄［二〇〇四］『考古学のための古人骨調査マニュアル』学生社。

都出比呂志［一九六八］「考古学からみた分業の問題」『考古学研究』一五（二）、四三―五四。

中橋孝博［二〇〇三］「鹿児島種子島広田遺跡出土人骨の形質人類学的所見」桑原久男編『種子島広田遺跡』鹿児島県立歴史資料センター黎明館、二八一―二九四。

三橋順子［二〇〇八］『女装と日本人』講談社。

光本順［二〇〇六］『身体表現の考古学』青木書店。

――――［二〇〇九］「クィア考古学の可能性」『論叢クィア』二、九五―一〇七。

――――［二〇一三］「ワシントンの博物館展示とマイノリティ」『岡山大学文学部紀要』五九、七七―八五。

矢持久民枝［二〇〇〇］「種子島広田遺跡の墓制――埋葬形態の類型を中心に」『古事天理大学考古学研究室紀要』四、三五―五一。

吉田晶［一九九五］『卑弥呼の時代』新日本出版社。

第二章
語りを掘り起こす
トランスの物質性とその抹消に抗する語り

藤高和輝

——はじめに

私たちトランス女性は不自由にも、自分たちにもどうしようもできない仕方で女性であるからなのです。それは、私たち自身にもまったく自由にならないことなのです。もちろん、男女二分法におさまらないアイデンティティを持つひともいますが、そのひともまた、男女二分法の外部にいることを自ら自由に選んだわけではなく、おそらく当人にもどうしようもない仕方でいずれの性別にも属せないのだろうと想像します。［ゆな 二〇二〇］

「生得的女性」「生物学的女性」「男体持ち／女体持ち」……といった言葉がトランスの人たちを攻撃するために——ある人たちにとっては「必要な区別」を行うために——用いられている。二〇一八年夏頃、お茶の水女子大学がトランス女性を受け入れることを決定したことが報道されて以降、特に

SNS上で、「トランス排除的ラディカル・フェミニズム」の言論が活発化し、トランス女性はあたかも「性犯罪目的の男性」と区別がつかない危険な存在であるかのようにみなされている。トランスジェンダーとシスジェンダー[1]を躍起になって区別しようとするトランス排除的言説では、ジュディス・バトラーの言葉を借りれば「庇護されているらしい女性性」や「誰の目にも明らかな身体の物質性」があたかも存在し［Butler 2011 : ix］、トランスはその「明白な物質性」をもたない存在として表象されている。その言説においてはしばしば、トランスのアイデンティティは単なる「自称」の問題、いわば「言ったもん勝ち」の思想とみなされる傾向があり、シスジェンダーのそれよりもその価値を低く見積もられ、さらには社会的な「混乱」や「トラブル」の温床として語られている。それに対して、もちろん、例えば「#トランス女性は女性です」のように、トランスのジェンダー・アイデンティティを尊重する対抗言説も形成されている。それは当然、必要で重要な政治的主張である。しかしながら、私がここで問いたいのは、そのような言説の構造のなかで何が見失われ、抹消されているのかという問いである。

冒頭で引いたゆなの言葉は、二〇二〇年に『現代思想』に掲載された千田有紀の論考「「女」の境界線を引きなおす」に対する批判のなかにある一節である。ゆなが特に問題にするのは千田の論考における「トランス」の表象の仕方である。例えば、千田は「たまたま、「割り当てられた」身体やアイデンティティを変更して何の不都合があるだろうかという論理」［千田 二〇二〇 : 二五二］の象徴的な例としてトランスを捉えており、トランスは自分の性別を自由に選択する「軽やかな主体」として表象されている。[2] それに対して、ゆなが描こうとするのはむしろ、トランス女性にとっては「女性であること」の、トランス男性にとっては「男性であること」の、Xジェンダーやノンバイナリー、ジェンダークィア(3)にとっては「いずれの性別にも属せないこと」の、その「どうしようもなさ」という物質性の経験である。

現在、トランス排除的言説において――そして、もしかしたら、それに対してジェンダー・アイデンティティを尊重する対抗言説においてさえ――見失われているものとは、トランスにとっての物質性、その経験ではないか。ゆなが「まったく自由にならない」「どうしようもない仕方で」といった言葉を用いるとき、ある種の強制力や拘束力、あるいは切迫性といったものの存在や経験が問題になっている。そこで彼女が描き出そうとするものは、例えば千田が描き出すトランス像――性別を自由に選択する主体としてのトランス――とは著しい対照をなす。もし「物質性」と呼ばれているものが「どうしようもなさ」や「ままならなさ」といった切迫性を指す言葉であるなら、明らかに、ゆなが指し示そうとしているのはトランスの物質性であり、その物質性が抹消されていることへの批判である。そしてまた、そうだとすれば、彼女の言葉は単に千田の論考への批判的コメントに留まるものではないだろう。それは、いまこのときだけには収まらないトランスの物質性の歴史的な抹消に抗する語りでもあるのではないだろうか。本論で私が行いたいのは、ゆなのこのような呼びかけへの一種の応答の試みであり、トランスの物質性の語りを私なりに拾い上げる試みである。

そこでまず考察したいのが一部のフェミニズムの言説の内部でどのようにトランスの物質性が語られてきたか、そして抹消されてきたかである。第1節と第2節はそれぞれ異なる二つの型のフェミニズムの言説を検討する。ここでフェミニズムの言説を取り上げるのは、第一に、現在「トランス排除的ラディカル・フェミニズム」の言説が活発化しており、そしてその言説は必ずしも「新しい」ものではなく、これまでの「過去」の言説と連続性がある側面があるためである。また第二に、フェミニズムと言えど社会の規範からまったく自由というわけでは当然なく、そこには社会で共有されているトランスフォビックな認識を透かし見ることができるからであり、そのためトランス排除的なフェミニズムへの批判は同時に社会批評でもあるからである。

これに対して、第3節以降ではトランス自身の「物質性」の語りに焦点を当てる。そこで私はいくつかのトランスの書き手による語りを取り上げるが、その際に特に取り上げたいのが蔦森樹のテクストであり、第3節では蔦森の経験を中心にその「物質性」を考察する。そして重要なことに、ここで私が取り上げるトランスの人たちの物質性の語りは、その「物質性」に「優先順位」をつけようとする政治に抗する語りでもあった。ここで私はそれらの「過去」の語りを「現在」の文脈のなかに引用し直すことで、〈いま・ここ〉におけるトランス排除／フォビアに抗する批判的な声として引き継ぐことを試みたい。

1 物質性の隘路（1）◉「選ぶ主体」としてのトランス

ここでまず考察したいのは、フェミニズムの言説内部でトランスの物質性はいかに語られてきたかについてである。その語りのなかで特に批判的に考察したいものには大きく二つの種類がある。その一つが本節で取り上げる「ジェンダーを自由に変えることができる主体」としてトランスを捉えるものである。すでに言及した千田の議論はその例の一つである。本節ではまず、千田に認められるような「主意主義的な主体」としてのトランス観を批判的に考察し、そこで何が見落とされているのかを示したい。

千田は「性同一性障害」と「トランスジェンダー」を分けた上で次のように述べている。

> 「ジェンダー・アイデンティティ」は生まれながらにして所与であり、変更不可能であるからこそ、手術によって身体を一致させたいというＧＩＤをめぐる物語が典型的に第二期的なものであるとしたら、たまたま、「割り当てられた」身体やアイデンティティを変更して何の不都合があるだろうかという論理は第三期的なにかである〔……〕。〔千田 二〇二〇：二五二〕

この記述から分かるのは、どうやら千田によると「性同一性障害者」と「トランスジェンダー」のあいだには存在論的な差異があるらしいということである。そして、その区別において、「性同一性障害者」がそのやむにやまれぬ性別違和をもつ主体として捉えられているのとは対照的に、トランスはまるで「たまたま、「割り当てられた」身体やアイデンティティを変更して何の不都合があるだろうか」と開き直り、性別を自由に選択する主体――したがって身体の物質性を矮小化する主体――として描かれている。このような認識は、「これはトランスに限らない。美容整形やコスメ、ダイエット、タトゥーなどの身体変容にかんする言説を検討すれば、身体は自由につくりあげてよい、という身体加工の感覚は私たちの世界に充満している」〔千田 二〇二〇：二五二〕という彼女の記述からも明らかだろう。そして、さらに重要な点は、彼女はトランスを「ポスト・フェミニズムの時代と親和的」〔千田 二〇二〇：二五二〕な産物として捉えている点である。ポストフェミニズムとは千田によれば、性別の問題を単なる「個人の選択」の問題に還元するものである。彼女の論考では、このポストフェミニズムの「急先鋒」としてトランスが存在するかのような印象を与える記述になっている。

このようにトランスを捉える見方は、ある種のバトラー理解と肯定的であれ否定的であれ結びついている傾向がある。[4] それは、ジェンダーをすべて「言説」や「社会的構築」、「パフォーマンス」に還元するものとしてバトラーの理論を理解するものである。実際、千田はバトラーの理論に関して「「身体」までも社会的に構築されているのだという考え方」[千田 二〇二〇：二五二] とまとめている。このようなバトラーやクィア理論の理解もまた、千田だけでなく、多くのトランス排除的ラディカル・フェミニストの議論に認められるものである。[5]

このようなバトラー受容は九〇年代のアメリカ合衆国のアカデミズム、アクティヴィズムにおいてすでにみられたものだ。それはジュリア・セラーノの言葉に倣えば、「すべてのジェンダーはパフォーマンスである (all gender is performance)」[Serano 2013 : 105] とみなすものである。セラーノは他にこの一種のヴァリアントとして、「すべてのジェンダーはドラァグである (all gender is drag)」「すべてのジェンダーは単なる構築物である (all gender is just a construct)」も挙げている [Serano 2013 : 106]。セラーノは「それは、すべてのジェンダーは性器である、すべてのジェンダーはホルモンである、すべてのジェンダーは社会化であると言うのと同じくらい馬鹿げた過度の単純化である」[Serano 2013 : 105] と批判し、次のように問題提起している。「もちろん、私はジェンダーを演じることができる。私は女性らしくお辞儀をすることもできるし、女の子投げをすることもできるし、色っぽくウィンクすることもできる。しかし、どうしてある種の振る舞い方や存在様式が別のものよりもより自然なものに私に感じられるのかを、パフォーマンスは説明しない」[Serano 2013 : 105-106]。単純化した言い方になるが、肯定的であれ否定的であれ、このように解されたバトラー理論――「すべてのジェンダーはパフォーマンス／構築物である」――の象徴的な例としてトランスジェンダーが捉えられていたのが九〇年代アメリカにおけるフェミニズム／クィア理論のメインストリームのシーンの一つだったと言える。そして、そこでは「ある種の振る舞い方や存在様式が別のものよりもより自然なものに私に感じられるのか」という「物質性」をめぐる問いが置き去りにされていたのである。

このような九〇年代の状況に介入したのが、ジェイ・プロッサーの『第二の皮膚』（一九九七）であると言える。プロッサーは当時のフェミニズム理論やクィア理論の趨勢（とりわけ、その代表例としてのバトラーの理論）を厳しく批判した。彼は、それらの理論における社会構築主義の枠組みにおいてトランスセクシュアル（トランスセクシュアルは、トランスジェンダーのなかでも、性別適合手術を行い、自分の望む性別に身体を変えたトランスを指す）がいかに位置づけられるかを以下のように分析している。「身体が意味作用との関係において考えられ、言説の効果＝結果とみされると、トランスセクシュアルは言説――とりわけジェンダーとセクシュアリティの言説――の文字通り化と読まれるか、その脱文字通り化と読まれるか、のいずれかである」[Prosser 1998 : 13]。身体を「言説の効果＝結果」に還元する構築主義理論において、トランスセクシュアルの身体は言説を「文字通り化する」か「脱文字通り化する」もののいずれかに解釈される傾向があった／ある。つまり、社会的な言説でしかないジェンダーを文字通りに受け取って体現してしまった存在か、あるいは、ジェンダーが社会的に構築されたものでしかないことをまさに身をもって暴く存在か、いずれかとして解釈される傾向にあったのである。

このような二元論からフェミニズムにおけるトランスフォビアは二通りの現れ方があることを指摘できる。前者の枠組みにおいてはトランスは「言説的構築物でしかないジェンダー」を「本質化」し、「文字通り化」し、その規範を「強化している」として非難される――トランスは「言説的構築物」でしかないジェンダーを「本質」として自然化／強化しているのだから、というわけである。(6) しかし、ここでより考察しておきたいのは後者である。九〇年代のクィア理論において、プロッサーも言うように、トランスは後者の枠組において「祝福」される傾向があった。先の「文字通り化」とは対照的に、これはトランスがセックスやジェンダーを「脱文字通り化」し、「攪乱」するとみなす解釈である。プロッサーによれば、「最初のモデルにおいてトランスセクシュアルが性別化された身体を言語の前に位置づけるために非難されるとすれば、第二のモデルにおいては、トランスセクシュアルはセックスを言語学的なシニフィアンとして身体を超えて押し出すものだという理由で祝福される」[Prosser 1998 : 14]。プロッサーはこのような「肯定的な」トランス理解に対しても批判的であり、それは「文字通り化」のモデルと同様「脱文字通り化」のモデルにおいても、トランスの「身体的物質性」が抹消されてしまうからである。

ここで重要なのは、九〇年代のフェミニズムやクィア理論においてトランスが肯定的に理解されたその理論的枠組みが現在、むしろトランスフォビアの言説の枠組みと重なっている点である。実際、千田はトランスを「たまたま、「割り当てられた」身体やアイデンティティを変更して何の不都合があるだろうかという論理」の象徴として捉えていたが、そこではトランスは身体を言説に還元し、物質性を否認し、性別を「攪乱」する存在であるとみなす存在論が認められる。そして、そのような認識論的枠組みは千田だけでなく一般に「トランス排除的ラディカル・フェミニスト」と呼ばれる人たちのイマジナリーを構成しているものでもあるだろう。トランスの存在そのものを攪乱として肯定的に理論化するのであれ、あるいは身体の物質性を無視する存在として否定的に理論化するのであれ、いずれの解釈であれトランスの身体的物質性が否認され抹消されている点では変わらない。千田の論考に認められるような「性別を自由に選択する主意主義的主体としてのトランス」という理論モデルは、プロッサーが批判した「ポストモダン的なトランス理解」に則ったものであり、それに対する価値づけを単に逆さまにしているにすぎないのである。

したがって、プロッサーの議論の要点が九〇年代のフェミニズム、クィア理論の趨勢においてトランスの物質性が抹消されているという批判にあったのと同様に、現在のトランス排除の言説においても問題なのはトランスの物質性が抹消されている点にある。実際、プロッサーが理論化しようとしたのは「身体イメージ」の「物質的な力」である［Prosser 1998 : 69］。例えば、彼はそれを「肉体的記憶(somatic memory)」という言葉で捉えようともしている［Prosser 1998 : 83］。彼によれば、「トランスセクシュアルの肉体的記憶」は実際の性別適合手術に先立って存在するのであり、したがって、性別移行とは新たな身体を獲得する行為というよりも、手術に先立って存在する身体イメージに実際の身体を合わせていく行為であり、あるいはむしろ言い換えれば、身体イメージには実際の性別移行を促す「物質的な力」があるということである。プロッサーは特にトランスセクシュアルを念頭に置いて議論を進めているが、ここで彼が指摘している物質性は、ゆなが描いていた「どうしようもなさ」の経験と重なるものだろう。そして、この「どうしようもなさ」という物質性こそ、トランス排除派の言説において最も抹消されているものなのである。

2 物質性の隘路（2）◉領有されるトランスの身体

他方で、「構築主義」の限界を指摘し、身体の「物質性」を救出することを試みるフェミニズムの言説も存在する。しかし、そのような「物質性」を救い出そうとする議論のなかにも、トランスの物質性に対しては結果＝効果として周縁化する語りも存在する。その例として、ここでは金井淑子のテクスト『倫理学とフェミニズム——ジェンダー、身体、他者をめぐるジレンマ』を取り上げよう。そこで特に焦点を当てたいのは、トランスジェンダーである蔦森樹の経験に関する彼女の分析である。その分析はそのテクストの第一部の導入部分（内容的には全体のテーマの導入部分でもあろう）をなしており、金井はそこで蔦森樹の論文「ジェンダー化された身体を超えて——「男の」身体の政治学」（一九九六）を取り上げ、「構築主義の余白」としての「身体の問題」を指摘している［金井 二〇一三：一一］。このような金井の議論において、トランスの身体はその「物質性」を認められているようにみえるが、そこには「物質性」をめぐる位階秩序のようなものが想定されていることを以下ではみていく。

蔦森は一九九三年に『男でもなく女でもなく』を著しており、そのタイトルにもある通り「男でも女でもない性」を探求しようとしていた（現在の用語で言えば、Xジェンダー、ノンバイナリー、ジェンダークィアなどに当たるだろうか）。しかし、金井も着目している点だが、蔦森は、「かつて私は自分を男として疑いなく意識していた。だがそのことが自明なことでなくなった時、今度は自己の存在を男と女の中間の性に思い描くと、身体のディティールが感覚的に描けなくなった。その後、女性ジェンダー・グループにいる自分を認識しだすと、再び身体の輪郭がはっきりとしてきた」［蔦森 一九九六：一三九］という経緯を述べている。そこでは例えば、皮膚感覚が「固い」から「柔らかい」へ移行したことや、性器のアイデンティティの希薄化、目や唇、指、腕、膝などの筋肉の使い方の変化、トイレの小用もしゃがんでするようになったこと、顔つきや要望の第一印象が「威圧的」から「親和的」に変化したこと、座り方などのように身体テリトリーが無意識に占有空間を拡大していたことから意識的・反射的に縮小するようになったことなどが例に挙げられている。

蔦森が語っている「自己イメージ」――この「自己イメージ」という言葉は蔦森が『男でもなく女でもなく』で自己の経験を記述する上で頻出する用語である――は先に論じたプロッサーの言葉で言えばある種の「肉体的記憶」や「身体イメージ」と呼べるものだろう。そして、プロッサーが指摘していたように、それは「物質的な力」をもつものであり、実際、蔦森はそのような自らの「身体イメージ」によって身体形態や振る舞いなどを組織化していったと言えよう。しかし前節でみたように、過度の構築主義の枠組みではこのような「物質性」が抹消されてしまうのだった。金井に倣って言えば、蔦森はまさに身を張って「構築主義の余白」としての「身体の問題」を提示していたと言える。

さて、本節で特に考察したいのは、このような蔦森の「自己イメージ」に関する考察のあとにつづく以下の金井の一節である。

蔦森の女性としてのジェンダー・アイデンティティと身体の自己イメージに立てば、女性がレイプや痴漢被害においてうける身体侵襲への恐怖と同質のものを抱いたとしても当然なのだが、トランスジェンダー実践者として、日々擬制である性の演技をしている蔦森にとっては、痴漢被害の場面で、自らの性の「フェイクの失敗」がパッシングの失敗として露見してしまうことへの恐怖があるのではないかとも考えられる。「なんだ、男じゃないか」。フェイクの失敗が露見することは、蔦森にとっては盲腸ほどの意味すら持たなくなっているはずの身体に残る性の痕跡が、その再ジェンダー化を無にしかねない意味を担って立ち現れてくるのではないか。［金井 二〇一三：一二］

これまで確認したように、そして金井が着目していたのは、蔦森の「自己イメージ」に関する語りだった。しかし、金井が蔦森の「痴漢被害」を取り上げ、分析するとき、その議論は「物質性」をめぐってある種の横滑りを起こしているように思われる。金井が「身体に残る性の痕跡が、その再ジェンダー化を無にしかねない意味を担って立ち現れてくるのではないか」と問うとき、そのとき彼女は何を言おうとしているのか。

「なんだ、男じゃないか」と「フェイク」が「失敗」することは、蔦森ではなく、他者——この場合は、痴漢という性暴力を行う男性——にとって、「身体に残る性の痕跡」——おそらくは性器を想定したセックス——が蔦森の「再ジェンダー化を無にしかねない意味を担って立ち現れてくる」という社会のなかの性器決定論という規範の構造を記述しているのならば、彼女の主張を理解することはまだ可能である。しかし、先に引用した一節のあとにつづく彼女の議論を読むと、どうもそのような意味での主張ではないことがわかる。実際、彼女は引用した一節のすぐあとで、ある小説に言及する。それは、デイヴィッド・トーマスの『彼が彼女になったわけ』という小説で、その内容は「歯の抜歯手術のために入院した病院で、男性が目を覚ますとなんと女性の身体になっていた」というものであり、その主人公は「最終的には「女になる」ということを受け入れて生きていく」［金井 二〇一三：一二］というSF的な内容の小説である。この小説では、主人公は身体改造以前に「女性」としてのアイデンティティや身体イメージをもっていたわけではなく、「意に反した性転換」の結果「女の身体の側に置かれた主人公が、女である身体にふさわしいものとして求められる行動に、あるときはやんわり、あるときは無理やりに馴らされていく」［金井 二〇一三：一二 強調引用者］。ここでは、「女である身体」と呼ばれているものがそれに「ふさわしい」アイデンティティや身体イメージ、振る舞いを生産するものとして位置づけられている。

もし金井にとって、蔦森とこの小説の主人公の経験が同じものであるなら、そのとき、私たちは金井のテクストを次のように読むしかないだろう。すなわち、「女である身体」と呼ばれている「文字通りの」物質的身体が「身体イメージ」を生み出すのだと。いわば、「文字通りの身体」は「身体イメージ」や「アイデンティティ」を生み出す「原因」なのである。そのときに抹消されてしまうのは、他ならぬ蔦森の「自己イメージ」、その「物質性」ではないだろうか。そして、金井があとの箇所で、「男社会から意識的にずれようとする「だめ連」的な男たち、フェミニズムへの理解と思い入れを通して男の解放を求める男たち、メンズリブや男性学にシンパシーをもつ変わり者、〔……〕マジョリティの男たちの世界からは、落ちこぼれ視される立場の男性たち」［金井 二〇一三：四〇］の存在のなかに蔦森を数え入れるとき、この疑問はいよいよ真実味を増す。意地悪く言えば、金井が析出していた「構築主義の余白」としての「身体の問題」はトランスである蔦森の経験を介することでセックスという「文字通りの身体」のことではないという見せかけをとるために利用されながら、しかし、最終的にはシスジェンダーに馴染みの身体観に領有されるのだ。したがって、金井の理路において生じているのは、トランスにとっての物質性がシスジェンダーのそれを明示するために引き合いに出された上で後者に還元され、抹消される過程である。

ここで着目したいのは、金井の議論に認められる「物質的なものの位階秩序」とでも呼ぶべきものである。事実、蔦森や小説に関する分析において金井が語ってしまっているのは、身体のある種の「位階秩序」である。身体にはさまざまな水準がある。蔦森の身体イメージも日々行われる実践――化粧や服装、仕草――も、またその実践を通して得られた肌や体型などの身体形態ももちろん「身体」である。しかし、金井の論述においては、これらの「擬制」に対して、「文字通りの身体」――「身体に残る性の痕跡」と呼ばれているもの――は「再ジェンダー化を無にしかねない意味」をもったものとして優先的な位置を占める。したがって、金井の論述には、身体のなかでもより物質的な力をもつものの位階秩序が暗に想定されている。そのような位階秩序はセラーノに倣えば、シスセクシズムと言うことができるだろう。シスセクシズムとは、「トランスセクシュアルのジェンダー・アイデンティティやジェンダー表現、身体性は生得的に「フェイク」であり、それゆえ疑わしいものであり、他方で、シスセクシュアルのその対応物は「リアル」であり、それゆえ自明のものだという想定」[Serano 2013 : 123]によって、トランスの「ジェンダー・アイデンティティやジェンダー表現、身体性」をシスのそれらよりも「あまり正当ではないもの、自然ではないもの」とみなす「ダブルスタンダード」のことである[Serano 2013 : 114]。金井は社会構築主義の議論をジェンダーを「フェイク」とみなすものと整理し、その具体例として蔦森という一人のトランスの存在を挙げ、そして、「その再ジェンダー化を無にしかねない意味を担っ」た「身体に残る性の痕跡」を読み取る。そこには、あたかも身体のなかでも「より物質的なもの」が存在し、それは（性器をはじめとした）セックスであるという想定がある。その「物質的なものの位階秩序」は結果として、シスの身体をトランスのそれよりも「正当なもの」として表象し、トランスの身体をシスのそれよりも「リアルではないもの」として表象するのである。

本節の最後にそのような抹消の例として、まさに金井自身が取り上げ、分析していた蔦森の「痴漢被害」を考えよう。蔦森は『男でもなく女でもなく』で自らの痴漢被害の経験について取り上げ、次のように述べている。「車内で男の痴漢に触られるときも、わたしは性の特定を受ける。曲げた指先があきらかに女性器を開こうとしているのがわかる。でもわたしは声をださない。次の駅で降りるだけだ。声質による性別の特定に、周囲からも自分からも責められるように感じるからだ」[蔦森 二〇〇一 :

一三〇]。この経験から蔦森が述べているのはたしかに金井が言うように「パッシングの失敗」への恐怖であるが、しかしここで金井の議論が「文字通りの身体」――おそらくは特に性器を想定した――に焦点を当てたものであったのに対して、ここで明示されているのは蔦森自身の言葉を借りれば「声質のポリティクス」[蔦森 二〇〇一：二五七]である(そして、当然、声質も身体的なものである)。痴漢の被害に遭い、しかしそれを声に出すとその加害者はもちろん周囲にもトランスであることが暴露され、冷たいまなざしを受ける。それはシスジェンダーが経験することのない、トランスに特有の経験――性暴力の被害に遭うだけでなく、それを声にするとトランスであることの意図しないカミングアウトになってしまうという経験――だろう。そして、ノンバイナリーなアイデンティティをもつ当時の蔦森にとっては、痴漢の被害に遭うことそのものも、声質によって性別を特定されることも、そしてその際に自己を女／男と自分自身で説明せざるをえないことも、自己の感覚を裏切るようなミスジェンダリング(7)に直面する経験であり、そこにはノンバイナリーにより特有な経験もあるだろう。しかし、このようなトランスに固有の経験は金井の論述においては完全に消されてしまい、セックスが「再ジェンダー化を無にしかねない意味」をもったものであるという主張に還元されてしまうのである。

3　物質性の語り

ここで、金井のテクストを批判的に考察したのは、蔦森のテクストを改めて私なりに取り上げたいからでもある。以下では、蔦森の『男でもなく女でもなく』を中心に、トランスの身体イメージの物質性に関する語りを考察したい。すでに確認したように、蔦森は「ジェンダー化されない身体を模索し、階級のないそのような身体存在を夢見た」が、同時に、「それはあまりにも透明で実体がなく、認識できる身体・肉体としてこの世に存在しようにも無理なことのように感じられた」とも述べており［蔦森 一九九六：一四六］、蔦森のテクスト群はきわめて「構築主義的な」議論を展開しつつも、金井の表現に倣えば「構築主義の余白」としての「身体の問題」を提示しもしていた。それは単に言説上の矛盾として片づけられるべきではなく、一個の実存の豊かなドキュメントと考えるべきであるだろう。

このように、蔦森は「男でも女でもない身体」を探求し模索したが、そのような理想を抱きながら、その旅路は同時に、自分のなかに住まうジェンダー・イメージにくり返し直面するものでもあった。例えば、蔦森は次のように述べている。

わたしは、〈男〉から限りなく遠ざかりたい。かといって、〈女〉になりたいわけでもない。わたしがわたしでしかない安らぎは、わたしを固有名詞ではなく二つの性のいずれかで認知する街に、一歩入ると粉々になる。〈男〉でない何か。〈女〉でない何か。でも自分が好きなスタイルでいれば〈女〉が表す何かに近いものになる。わたしはそういう男であるだけだ。でも心の中でそう言うとき、〝男〟を強調している自分に気づく。［蔦森 二〇〇一：一三二］

このように、蔦森は「〈男〉から限りなく遠ざかりたい」、「かといって、〈女〉になりたいわけでもない」のだが、その自分の「好きなスタイル」は他者から「〈女〉が表す何かに近いもの」として認知されてしまう。そしてここでさらに重要なのは、このようなことが単に「他者から見られる」という経験においてだけではなく、他ならぬ自己自身の感覚や認知においても生きられているということである。「身体に、自分の好きなイメージだけを組みつけたい。でも好きなイメージは、〈女の〉とされるもの、〈男の手がかりのない〉状態の数々にある。このバイアス以外のシナリオを知らない」［蔦森 二〇〇一：一三四―一三五］。

それはバイアスである、しかし、そのバイアス以外のシナリオを私は知らない。それが社会的に構築されたものだとしても、私たちはそれからまったく自由に生きることはできない。だからこそ、「外見など取るに足らないこと、どうでもよいことだと、断定的に言う人たちを私は疑う」と蔦森は言う、「似合う似合わないという一見純粋な個人的感覚も、自分らしさという独立した思いも、実のところは生きていく過程で身に滲みこませてしまった、男と女は別のものであることを前提とする範囲内での選択にすぎない。［……］／そして、育ってしまった文化や人間の歴史の積み重ねに、私もまた巻きこまれている。この前提は私の中に巣喰っているものでもあるのだ」［蔦森 二〇〇一：一二〇―一二一］。したがって、蔦森は次のように問いかけている。「どんなことであっても人は、そのイメージなくして形を保つことができないのではないだろうか」［蔦森 二〇〇一：一二二 強調引用者］。

同様の語りは例えば『トランスがわかりません!!』におけるるぱん4性やたかぎの語りにも見出すことができる。るぱん4性は自分に胸があることに違和や嫌悪を感じ、自らの胸を切除する手術を行うが、すんなりと手術を決意したわけではなかった。「女性の胸」に対して人々がもつイメージが社会的に作られたものであることを、るぱん4性は十分に認識しており、しかしその上で手術に踏み切った経緯を次のように振り返っている。「セクシュアリティの多様性を知り、性の文化的刷り込みを知り、世の中の性システムもわかるようになった後、ふくらんだ胸はそれだけであって、それ以上でもそれ以下でもないとわかっても、私は自分を胸の気持ち悪さから解放することができなかった」［ROS 2007：

74-75]。そして同書のなかで、たかぎもまたトランス当事者の立場から、「身体はもはや「意味抜き」では存在し得ないのではないだろうか。なぜなら、私たちは生育上、意味があるものと教育され、刷り込まれている。身体はもはや「ただそこに在る」ことを許されない」[ROS 2007 : 65]と述べている。そして、これらのるぱん4性やたかぎの語りはまた、次の蔦森の言葉とも反響するだろう。「くどいようだが、何かをしてしまうことでは、この世にいる誰もが同じだ。そして、どういうバイアスをかけようが、人は生きたいように、生きられるだけ生きていく。存在し続けていくのだ」[蔦森 二〇〇一:二三〇―二三一]。

レオ・ベルサーニが『ホモズ』のなかで述べているように、「私たちがもはや自然であるとは〔……〕考えていない異性愛規範やジェンダーの構造、それらの内部から私たちが欲望することを学んでしまっていることは、おそらくは不幸なことであろうが、間違いなく真実である」[Bersani 1995 : 6 強調原文]。彼は特にゲイ男性のセクシュアリティを念頭に置いてこのように述べていると思われるが、同様のことはトランスにとっての身体イメージに関しても言えるのではないだろうか。身体イメージを「生物学的な本質」として考えることはできないし、なにかが「自然に感じられる」と言っても、それは「自然のように感じられる」のであって、「自然として本質的に存在する」ということではない。しかし、それが社会的に構築されたものであったとしても、だからといって私たちはそれを自由自在に組み替えることができるわけではなく、むしろ、たとえバイアスであったとしても私たちの存在や欲望のあり方を強く方向づけるものとしてある。私たちの欲望や身体イメージは文化の「内部」で、その「交渉」を通して、形成され、各自において生きられる。それは変化に閉じたものではないが、しかし、ある種の「物質的」拘束力をもつ。明らかに、蔦森やるぱん4性、たかぎが語っているのは、身体イメージがもつ「物質的な力」であり、その「まったく自由にならない」「どうしようもない」物質性の経験ではないだろうか。

言い方を換えるならば、金井が指摘していた「構築主義の余白」としての「身体の問題」は、日本においては九〇年代から二〇〇〇年代にかけてトランス・コミュニティの一部からすでに提起されていたと言えるだろう。フェミニズムにおいて主流であった「セックス／ジェンダーの区別（sex/gender distinction）」——あるいは、「体の性／心の性」の区別もそうであるが——においては捉えることのできない身体性（embodiment）がこのときすでに提示されていたのである。それらの語りは身体を「単なる物質」とみなすのでも、あるいは社会的言説の「単なる構築物」とみなすのでもない「生きられた身体」の理論を語っていたと言うべきだろう。当時の時代の制約、そこで得られた用語群のなかでとはいえ、しかし、いくつかのトランスの人たちはたしかに自らの物質性を語っていたのであり、そして、その語りはいまだ、現在の私たちにとっても「宿題（homework）」でありつづけているのである。

おわりに ◉ 物質性の「優先順位」に抗して

バトラーは『問題＝物質となる身体』で、「性別《セックス》」を「それによって「人」が生存可能になる規範の一つであり、文化的理解可能性の領域内で生きる資格を身体に与えるもの」［Butler 2011：xii］と規定している。つまり、そこでバトラーが批判的に問うたのは、どんな身体が生きる価値のあるものとしてカウントされ、どんな身体がカウントされないのか、その境界線を引く規範の存在としての「性別」である。そして、まさに現在のトランス排除的言説において、トランスの身体はシスの身体よりも明らかに生の資格を奪われているか周縁化されている。だからこそ、私たちにとって「問題なのは身体」なのである。

私たちが部分的にとはいえみてきたトランス・コミュニティのなかでなされた身体に関する語りはまた、物質性の「優先順位」に抗する語りでもあったと言える。実際、蔦森は二〇〇〇年に書かれた記事のなかで「最近の好意的GID言説」に関して、「「相対的に標準」なるものからの変形（逸脱）を構造的に階級化し、それを排除する社会システム」〔蔦森 二〇〇一：二七三〕を問うている。また、吉野靫は蔦森の仕事を引き継ぐように、二〇〇八年初出の論文「『多様な身体』が性同一性障害特例法に投げかけるもの」で、「GID規範」——すなわち、「本物のGIDであるならこう振る舞うべきだとか、パスするためにこういう努力をすべきだとか、髪型や服装が「らしくない」だとか、まさに一挙手一投足にまで及ぶ規範」〔吉野 二〇二〇：五九―六〇〕——を批判した。あるいは、るぱん4性は二〇〇七年に出版された『トランスがわかりません!!』の経緯の一つとして、「わかりやすい典型的なGID的経験を、腑に落ちないままなぞって同化したり、結局は医療と法律に絡み取られてしまう形での、当事者の語り口が、変わっていく」ことを挙げており〔ROS 二〇〇七：二二五〕、事実、そのような「典型的なGID的経験」には収まらない語りが同書では数多く掲載されている[8]。

あるいはまた、「トランスジェンダー・フェミニズム」を提唱したFTXトランスジェンダーの田中玲はその論考「クィアと「優先順位」の問題」で、まさにこの「優先順位」の問題について語っている。そこで田中は二〇〇七年の日本女性学会大会のシンポジウム「バックラッシュをクィアする」で自身のDVの被害について報告した。そこで田中は聴衆の女性（おそらくは、ヘテロセクシュアルでシスジェンダーの）から、「優先順位が違う」という言葉を投げつけられたのである。あるトランスのDV

被害は、ヘテロセクシュアルでシスジェンダーの女性のＤＶ被害よりも「優先順位が低い」とみなされたのだった。田中はこのような「優先順位」の政治に反対して、次のように問うている。「権力者や差別する側の階層が自分たちから、被差別階層を分ける考え方はどこにでもある。名指されるのは、女性だけでなく、レズビアン、ゲイ、バイセクシュアル、トランスジェンダー、インターセックス、セックスワーカー、ＨＩＶポジティブ、身体障がい者、精神障がい者、知的障がい者、被差別部落出身者、外国人、ホームレス……、ダブル（二重）やトリプル（三重）のマイノリティも当然いる。その中で「優先順位」を付ける意味はあるのだろうか」［田中 二〇〇八：四六］。

ここで九〇年代から二〇〇〇年代のトランスたちの語りの一部を改めて〈いま・ここ〉で引くのは、そこにみられる「物質性の優先順位に抗する語り」を引き継ぎたいと考えるからだ。その語りを掘り起こし、召喚し、再演することは、トランス排除的言説が吹き荒れる現在においてどのような意味をもつのだろうか。明白なのは、トランス排除的言説がトランスの身体の物質性を抹消するか周縁化するものであり、そこにはセラーノの言う「シスセクシズム」が働いていることである。それは、私たちの身体に優先順位を設定する政治の一つであり、シスの身体を「物質的なもの」として表象し、反対にトランスの身体を「単なる選択」や「フェイク」とみなして「物質性」を剥ぎとるものである。たしかに、ここで私が取り上げたトランスたちのテクストが住まう時代と現在とでは文脈は大きく異なるが、それでもこれらの人たちの語りは現在のトランス排除／フォビアに対してラディカルな批判的潜勢力をもつものではないだろうか。ホセ・エステバン・ムニョスは「過去はパフォーマティヴである」［Muñoz 2009：28］と語っている。「過去」の言説はしばしば〈いま・ここ〉でなされている議論よりも「古びた」「時代遅れの」議論と考えられがちだが、ここでムニョスが指摘しているのは、〈いま・

ここ〉から排除された「過去」の言論にむしろ〈いま・ここ〉を問いに付し、それを超えるような「未来」が賭けられているという可能性である。あるいは、サラ・アーメッドのフェミニズムに関する議論を敷衍するなら、ここで私が行ったトランスの人たちの言葉の「引用」はトランス的「煉瓦（bricks）」［Ahmed 2017 : 16］と言えるだろうか。その「煉瓦」を積み重ねることを通して、「私たちは自分たちの住処を創造する」［Ahmed 2017 : 16］のであり、その「住処」はまさに、トランスの物質性を抹消する政治を批判し、その圧力から守られるために創造されなければならないものである。

註

（1）シスジェンダーとは、トランスジェンダーではない人を指す言葉である。
（2）千田の論考「「女」の境界線を引きなおす」に関する詳細な考察は、藤高［二〇二二］を参照。
（3）いずれも「男女いずれかの性別に同一化しない人」を指すが、それぞれの用語の用いられ方は当事者によってニュアンスが異なる。
（4）「トランスジェンダーは性別二元論を破壊する者だ」と肯定的に語る人もいるだろう。そして、ひょっとしたら千田もその一人であるとすら言えるかもしれない。だが、いずれにせよ、このような認識は反トランス派と共通した認識であり、それを肯定するか否定するかの違いでしかない。当たり前だが、ある人たちの「存在そのもの」に「抵抗」を仮託するのはおかしな話であり、それ自体暴力的な認識である。
（5）このようなバトラー解釈への批判としては藤高［二〇一九］、及び岡崎［二〇一九］を参照。
（6）この点に関しては、藤高［二〇一九］を参照。
（7）ミスジェンダリングとは、本人が自認するジェンダー・アイデンティティとは異なるジェンダーでその人のことを扱うことを指す。

（8）山田秀頌は論文［二〇二〇］で、私がここで取り上げた人たちの一部の議論を取り上げて、そこで「性同一性障害（ＧＩＤ）」というアイデンティティの「アンビヴァレンス」が抹消されている点を批判している。山田の批判は重要なものであるが、ここで挙げた人たちが行った「ＧＩＤ規範」への批判の核心にあるのは、単に「ＧＩＤ」というアイデンティティを否定するためのものであったというよりは、トランス・コミュニティの内外で、身体に対して「優先順位」を設ける政治への批判であったと私は考える。

参考文献

Ahmed, Sara［2017］*Living a Feminist Life*, Duke University Press.

Bersani, Leo［1995］*HOMOS*, Harvard University Press.

Butler, Judith［2011］*Bodies That Matter: On the Discursive Limits of "Sex"*, Routledge Press. ＝バトラー、ジュディス［二〇二一］『問題＝物質となる身体――「セックス」の言説的境界について』佐藤嘉幸監訳、竹村和子、越智博美ほか訳、以文社。

Muñoz, José Esteban［2009］*Cruising Utopia : The Then and There of Queer Futurity*, New York University Press.

Prosser, Jay［1998］*Second Skins: The Body Narratives of Transsexuality*, Columbia University Press.

Serano, Julia［2016］*Excluded: Making Feminist and Queer Movements More Inclusive*, Seal Press.

岡崎佑香［二〇一九］「文字通り病み痛む身体？――ジュディス・バトラー『問題なのは身体だ』の身体論」『現代思想』四七（三）、一五四―一六五。

金井淑子［二〇一三］『倫理学とフェミニズム――ジェンダー、身体、他者をめぐるジレンマ』ナカニシヤ出版。

千田有紀［二〇二〇］「「女」の境界線を引きなおす――「ターフ」をめぐる対立を超えて」『現代思想』四八（四）、二四六―二五六。

田中玲［二〇〇八］「クィアと「優先順位」の問題」『女性学』一五、四六―四九。

蔦森樹［一九九六］「ジェンダー化された身体を超えて――「男の」身体の政治性」井上俊・上野千鶴子・大澤真幸・見田宗介・吉見俊哉編『岩波講座現代社会学第一一巻　ジェンダーの社会学』岩波書店、一三三―一五〇。

――［二〇〇一］『男でもなく女でもなく――本当の私らしさを求めて』朝日文庫。

藤高和輝［二〇一九］「身体を書き直す――トランスジェンダー理論としての『ジェンダー・トラブル』」『現代思想』四七（三）、一七六―一九〇。

――［二〇二一］「ポストフェミニズムとしてのトランス？――千田有紀「「女」の境界線を引きなおす」を読み解く」『ジェンダー研究：お茶の水女子大学ジェンダー研究所年報』二四、一七一―一八七。

山田秀頌［二〇二〇］「トランスジェンダーの普遍化によるＧＩＤをめぐるアンビヴァレンスの抹消」『ジェンダー研究』二三、四七―六五。

ゆな［二〇二〇］「千田有紀「「女」の境界線を引きなおす：「ターフ」をめぐる対立を超えて」（『現代思想三月臨時増刊号　総特集フェミニズムの現在』）を読んで」『ゆなの視点』（二〇二一年三月二八日取得、https://snartasa.hatenablog.com/entry/2020/02/20/034820）。

吉野靫［二〇二〇］『誰かの理想を生きられはしない――とり残された者のためのトランスジェンダー史』青土社。

ROS［二〇〇七］『トランスがわかりません!!　ゆらぎのセクシュアリティ考』アットワークス。

第三章 障害女性の介助を経験するなかで考えてきたこと

瀬山紀子

はじめに ◉介助者＝障害がある人の「普通の人生」にとっての重要なファクター

はじめに、本章で検討していくことになる「介助」という行為について説明しておこう。「介助」とは、身体等になんらかの障害があり、日常生活（食事、排泄、寝返り、家事、移動、等々）を行う上でサポートを必要とする人たちに対して行う援助行為のことを指している。

日本では一九七〇年代に、障害がある人たちが、親元や施設ではなく、地域で、介助者をつけながら生活をしていくことを求めた障害者自立生活運動が起こった。そして、そうした運動を引き継ぐかたちで、一九九〇年代前後から、障害がある人たちの地域生活を実現するための当事者を中心とした活動拠点である障害者自立生活センター（CIL ＝ Center for Independent Living）が作られ、それらの活動に関わる人たちが中心となって、介助を必要としながら地域で暮らす障害がある人のもとに、介助者を派遣する仕組みができていった。

日本での障害者自立生活運動は、独自の歴史や思想をもつものであり、その成り立ちや広がりについては、これまでにも本や論文などにまとめられてきた[(1)]。

全国の障害者自立生活センターで作られている全国自立生活センター協議会のホームページでは、こうした障害者の自立生活を以下のように説明している（いた[(2)]）。

自立生活とは、どんなに重度の障害があっても、その人生において自ら決定することを最大限尊重されることです。選択をするためには選択肢の良い点・悪い点を知らされ、あるていど経験も必要です。一部を選択したり全てを選択しないという選択もあります。

自立生活とは、危険を冒す権利と決定したことに責任を負える人生の主体者であることを周りの人たちが認めること。また、哀れみではなく福祉サービスの雇用者・消費者として援助を受けて生きていく権利を認めていくことです。

基本的には、施設や親の庇護の元での生活という不自由な形ではなく、ごく当たり前のことが当たり前にでき、その人が望む場所で、望むサービスを受け、普通の人生を暮らしていくことです。

このように、本章で扱っていく介助というのは、障害がある人が、「普通の人生」を送っていくことをサポートする行為であり、障害者自立生活運動の考え方に連なって出てきたものだ。

ただ、同時にこのときに考えておきたいのは、障害がある人にとっての「日常生活」と、それを基盤とした「普通の人生」は、それ自体、これまでの健常者を中心にした社会のなかでつくられ、規範化されてきた「日常生活」や「普通の人生」とは、そこに介助者という他者が存在する点だけをとっても、当然のことながら違う様式をもっているということだ。

介助者を伴う地域での「自立生活」という「普通の人生」の基盤となる生活は、これまでの健常者によって作られてきた常識の枠では括れない、いわば、〝アブノーマル〟な日常だと言える。

その意味で、障害があり、日常生活に介助を入れている人にとっての「普通の人生」は、いわゆるマジョリティにとっての「普通の人生」とは異なる様式や関係性のなかで成立している「普通の人生」であるという点は押さえておきたい。その〝アブノーマル〟な日常＝「普通の人生」を構成している重要なファクターが、介助者という存在だ。

本章で扱う「介助」というテーマは、こうした日本での障害者自立生活運動の歴史に連なるテーマであり、障害がある人たちが「普通の人生」を送る上での重要な要素としてある営みだ。

本章の執筆者である私は、障害者自立生活運動に関心をもち、介助者の立場から、それらの運動に関わりをもってきた一人だ。そして、自分を含めた健常者によって作られてきた常識の枠とは異なる、介助者を伴う障害がある人の日常に、時に介助者として、また時に友人として関わってきた。

本章では、そうした自分自身の関わりを基盤にしながら、介助を必要として地域での生活を送る障害がある人たちの日常を構成している介助という行為を、考察していきたいと思う。

筆者は、このテーマについては、すでにこれまでに、いくつかの論考を書いてきた(3)。また、これまでに、同様のテーマについて扱った先行研究もある(4)。ただ、介助という営みについての考察は、現在も試論的なものが重ねられている段階ではあり、特に、セクシュアリティやジェンダーの視点からの考察は、今後も、深められていく必要のあるテーマだと思う。今回の論考も、そうした介助をめぐる考察の試論の一つとなることを願っている。

介助について書いていくことは、むずかしさを伴うテーマだと言える。実際、制度上の介助者として行う介助行為は、当然ながら守秘義務を伴う行為であり、介助現場での出来事や、そこで感じたことについても、それを考察対象とするには、倫理的問題をクリアしていく必要がある。

それでも、介助というテーマを扱い、介助場面で起きていることや、課題となっていることを考え、場合によっては、現在生じている問題をクリアにし、その課題を解決していく方策を探っていくことは、大切なことだ。

それは、障害がある人たちの、介助者を伴う地域での自立生活という実践が、必ずしも、そうした生活のあり様があること自体も、十分に知られていない現状があり、そうした生活のあり様自体を明らかにし、それによって、そうした生活の選択肢があることを伝え、広めていけるとよい実践だと、私自身が思うからだ。

日常生活に介助を必要としながら、実際に、二四時間、介助者をつけ、重度といわれる障害がある人たちが地域で暮らしてきた、そして現在も暮らしている事実は、それ自体が、もっと知られてよいことだと思う。そして、もっと多くの、例えば介護を必要としている高齢者を含めた、それを必要としている人たちや、その周りの人たち、また、直接、そのことが自分とは関係がないと現時点で思っている人たちにも、知られていくとよいのではないかと感じている。

そうすることによって、介助者をともない地域で暮らす人の課題に焦点が当てられ、制度的な面も含めた整備にも関心が集まり、障害がある人を含めた一人ひとりのよりよい暮らしが考えられ、作られていくことにつながればよいと思う。

そのために、こうした実践を伝えていくことと同時に、介助を伴う日常生活が、障害がある人にとって、また介助をする人にとって、どういう経験であるのかを考え、言語化していく必要があると感じる。

その意味では、この論考は、まだ障害者の自立生活という実践を知らない人に、そうした〝おもしろい〟実践があることを知らせることと、その実践に、何らかのかたちで関わっている人たちが、そこに継続的に関わり続けていくために、その経験を共に考えるための素材を提供しようとするものだ。

同時に、この論考が扱う、障害のある女性を含む、女性の身体とセクシュアリティに関わるテーマが、これまで規範化されてきた健常者を中心とするマジョリティの日常生活を、異なる視点から捉えることを可能にするという意味で、クィア・スタディーズという領域を広げ、深めるテーマとなることを願い、本章を進めていきたいと思う。

1 介助への関わり

ここからは、介助という営みについて、より具体的にイメージしてもらうためにも、私自身の介助への関わりについて書いていきたい。

私は、現在までに、二〇年強、障害がある人たちの地域での自立生活運動に連なる介助者として、さまざまな障害がある人の日常生活に関わってきた。

自分では、介助を始めた大学生の頃の緊張感や、その頃、介助に行った先の部屋の雰囲気、そこで使われていた化粧品のこと、一緒に暮らしていたペットのこと、また、居合わせた家族などのことなどを、部分的にではあるが、鮮明に思い出すことができる。そのため、介助をはじめて二〇年以上が過ぎたことに、自分で驚いてしまう。それは、私の介助経験が、日常的な仕事（生業）としての関わりではなく、その意味で、時間的にも限られていることに起因しているのかも知れない。それでも、関西で大学生をしていたときから、現在に至るまで、長い方で二〇年近く、不定期ながらも月に数度の介助を継続的に続けてきたというのが私の介助の経験になる。

この間に関わった介助もさまざまで、知的障害の人で普通高校に通っていた複数の方の通学介助や、学校や就労先での介助、車いすで一般の研究機関で働かれていた方の職場介助、通勤時の駅から仕事場までの短距離の歩行介助、コンサートやお芝居を見に行く際の外出の付き添い介助、お正月の親戚の集まりでの介助、旅行時の介助、入院先での介助など、さまざまな方の、さまざまな日常の場面や、時には非日常といえるような場面も含め、その時々の障害がある人の生活に、介助者として関わりを持ってきた。

介助に関わりはじめたのは九〇年代半ばの大学生の頃で、知り合いから紹介されるかたちで、地域で介助者を入れながら生活していた障害がある方のもとに、ボランティアで、不定期で介助に入ったというのがその頃の関わりだった。当初、特に、介助についての知識はなく、知り合いや介助先の障害がある方から、介助の仕方や、介助者としての心得、例えば、第三者から何かを聞かれても当事者よりも前には答えないといったことや、時間厳守といったことを、時に厳しく教わり、緊張しながら介助に行っていたことを思い起こすことが出来る。

その後、関西から東京に転居したことをきっかけに、都内にあった障害者自立生活センターに行き、そこではじめて、障害当事者から、介助者としての研修を受け、介助報酬を受け取るかたちでの介助に関わるようになった。それが、二〇〇〇年前後のことだ。

そして、それ以降、都内のいくつかの障害者自立生活センターの登録介助者として、月ごとに、センターから依頼を受けて、多くの場合は、個人宅に介助者として出向き、数時間、また泊まり介助を含む場合は夜九時から翌朝八時といった時間、当事者の指示に沿って、必要な介助を行うという関わりをするようになった。

日中に別の仕事をするようになった現在は、泊まり介助が中心となっているが、現在もほそぼそながら、毎月介助を続けている。

介助の内容はさまざまで、お風呂介助で、衣服の着脱から入浴を、リフトなどを使いながら行うもの、外出の介助で、買い物や食事に付き添うもの、泊まり介助で、寝返りやトイレなどの就寝時の介助、自宅での食事づくりや掃除、洗濯などの家事援助を行うものなど等、介助先の日常生活の一部ということになる。

介助先は、一人暮らしの方の家に行く場合のほかに、共に暮らす家族がいる家に行く場合もあった。家族といっても、介助の対象者が、子どもの立場で、親やきょうだいと一緒に暮らしている場合もあったし、親やきょうだい以外の親族と同居している場合もあった。また、介助の対象である人が母親の立場で、子どもと同居しているという場合や、妻の介助に行き、そこに同居している夫がいる場合もあった。また、複数の人が働いている職場で、介助をする場面もあった。介助者として付き添っていく職場が、何らかのものを販売し、客を迎えるお店である場合もあった。

介助場面では、家の中で、介助者と介助者を使う当事者が二人でいる場面も多かったが、それだけではなく、親やパートナー、子どもや友人などの第三者がそこに居合わせる場合や、外出先で、駅員などの第三者と関わる場面、職場で人と関わる場面、社会的な活動を行う場に居合わせる場面など、当然ながら、さまざまな関わりがあった。

私は、その都度、介助のやり方についても、介助者の立ち位置についても、介助を必要としている当事者の指示に従って動くことを基本に、当事者と対話をしながら、必要な介助を担うように心がけてきた。

私のような、障害者自立生活センター育ちの介助者は、原則として当事者の指示を受けて動くことが中心で、そのことが介助者の基本姿勢であると習ってきた人が多いと思う。そこには、介助を専門とする支援者が、障害者の意思とは別に、専門家として支援していくあり方への批判が込められている。そのため、私自身は、当事者からの指示を仰ぐ以外の、専門的な介助技術を身に着けることは、ほぼやってこなかった。そのため、知的障害などがあり、介助についての指示が明確ではない方のもとでの介助に、戸惑ったりしたこともあった。ただ、そうしたときも、基本は、当事者の指示に従うという考え方を念頭に、当事者が必要としていることを行い、それだけでは難しいと感じる場合は、所属している障害者自立生活センターの当事者スタッフやコーディネーターに相談するといったサポートも受けながら、介助を続けてきた。

また、この間、所属する障害者自立生活センターが行う「障害者をよりよくサポートする勉強会」[5]などの介助者のための研修の場に参加する機会をもち、障害当事者がいる場で、他の介助者とも、介助のなかで感じる迷いや、辛さを含めたさまざまな思いについて話し合い、よりよい関わりのあり方を考えあう機会もあった。

とはいえ、私自身は、この間、障害者介助の制度化の流れのなかで、ヘルパーや介護福祉士の資格を取ってみてはどうか、という障害者自立生活センターのスタッフからの声掛けもあり、それらの資格を取得するに至っており、その過程で、いわゆる「介助技術」についても学ぶ機会をもってきた。このうち、ヘルパーの資格を取得する際には、東京都内の複数の障害者自立生活センターが母体となっている社会福祉法人主催の研修を受けることができたため、障害当事者の自立生活における介助のあり方について、あらためて学ぶ機会になった。[6] また、そこで学んだ身体介助を行う際の技術は、その後、実際の介助場面で非常に役立ったという経験もあった。そのため、介助に関わる専門技術の習得は、時に、介助をつかって生活する人の生活の幅を広げる有用なものにもなり得るという感覚も得てきた。

ただ、介護福祉士の資格取得過程は、高齢者介護が中心の、自分にとっては全く未知の世界のもので、介護をする側の立ち位置や介護技術などについても、自分自身が経験してきた障害者介助の世界とは大きな隔たりがあることを実感する学びだった。

私の介助との関わりはこのようなものだ。介助について知らない人にも、介助について少し想像してもらうことができただろうか。

2 二者関係にとどまらない介助

私は、こうして大学生の頃に、偶然の出会いと呼べるような関わりから障害があり地域で介助者を入れて生活を送る人たちの存在を知り、介助者としてそうした人たちの生活に関わりを持ってきた。そして、それと同時に、障害者自立生活センターや障害に関わる社会的な活動をするなかで出会った障害がある人と、介助者としてではなく、親しい友人や活動仲間としても関係を作ってきた。その過程で、時には、介助者をいれて生活している人と、外で、介助者を入れた三人でご飯を食べて話をすることもあったし、介助者には待機してもらう状態で、二人でご飯を食べ、話しをするということもあった。また、介助者も含めた複数の人と一緒に、旅行に行くこともあった。

そのため、私自身は、時に介助者として、また時に介助者をいれて生活をしている人の友人として、介助者という立場からも、介助者をいれた生活をしている人と友人として関わる立場からも、介助や、介助を入れて生活をしていくことについて考える時間を持ってきた。

介助をめぐる課題を考える際には、介助者と介助を必要とする障害がある人との二者関係を掘り下げていくことと同時に、介助をともなった日常を送る障害者と、周囲の人との関係、さらには、広い社会との関係という異なる側面を見ていく必要がある。

例えば、家族のなかに家族構成員以外の介助者が、恒常的に存在する場がある。それは、夫か妻のどちらか一方、または、双方に、障害があり介助者を介した生活を行っているという場面もありうるし、子どもに障害があり介助者が生活のなかに入っているという場面も考えられる。私自身、これまでの介助経験のなかで、これらのいずれの場面にも介助者として関わる機会があった。

同様の例は、老親と同居する家族のもとに介護のヘルパーがくるというイメージだと、一般的に想像しやすいかもしれない。

こうした関係は、いずれの場合も、これまでは家族構成員のなかで担われてきたケアが、社会化することによって生じたものだと言える。

そこでは、それぞれのポジションにある人が、介助者という、多くの場合は異質な他者と感じられるポジションの人を前に、その人とどのような関係をつくるのかを考えていたりする。また、介助者は、その場で、障害当事者の指示を受けて介助を行いながらも、その他の人と障害当事者との関係のあり様を捉えながら、その場で、どのように振舞えばよいのか、さまざまな思いを抱えながら試行錯誤していたりする。私自身、そうした経験を重ねてきた。

それは、障害を持つ人と介助者が一対一で作る関係以上に、複雑な関係になりえ、介助者にとっても、介助者をつかう障害者にとっても、一対一の関係よりも難しい関係だと言える。

一対一での関係の構築は、互いが相補的に、一定の定まったポジション、つまり、介助者は、介助者として、障害者は、介助者に指示を出す介助のユーザーというかたちで自分をおさめやすい。介助者の位置づけもはっきりし、お互いに相手の立場や役割を、一定、明確にしておくことができる。しかし、そこに他者が存在することによって、相補的な関係は、時に成立し難くなったりもする。

介助者がいる日常生活というのは、二者関係とは言えず、介助者と障害がある人を取り巻く周囲との関係を含めた、複数の関係のなかで、成り立っていると言える。

その意味では、介助について考えることとは、介助を受ける側、また介助をする側のいずれかの側、またその関係性の問題として捉えていく必要があるのと同時に、介助をいれた生活によってはじめてスタートする、介助者がいる日常のなかにいる第三者を含めた、複数の人間関係の問題、さらには、より広い社会のなかでの介助を伴う生活をしている人を取り巻く社会の問題として見ていく必要がある。

3　ある日の介助場面[7]

介助の概要を伝えたところで、より具体的に介助について想像をめぐらせてもらうために、ここで、私が長く関わっている脳性まひの女性で、二四時間介助を入れて一人暮らしをしている方のところに行く介助の場面について記してみたいと思う。

ある夜、自宅で夕飯を食べて少しして、電車と徒歩を含めて一時間半ほどかかる泊まり介助に行く。「こんばんはー」と、ドアを開けて家のなかに入る。私の前の時間帯に介助で入っている方が、軽く「こんばんは」と声を出すこともあれば、介助中であったりして、特に言葉は返ってこないときもある。介助をいれて生活している方は、近くに行って顔を見せると、「こんばんは。はい。きたのね」と迎えてくれる。

介助がはじまる時間。

私にとっては、この日一日の介助。でも、介助を入れて生活している方にとっては、こうやって夜に介助者が「こんばんはー」と訪ねてくることが毎日の生活なんだなと思う。こうやってここには昨日もその前の日もその前の前の日も、介助者がやってきたのだろうと思うと「不思議な気持ち」になる。ここを通して、つながっている人の連なりを感じ、そのなかに自分もいることを感じる。ただ、自分一人が特別なわけではなく、ここを通してつながった人のつながりの端っこに自分も席を置いていると感じる。

長年介助に行く中で、この大きくて深い安心感をもたらす「不思議な気持ち」を、介助先に足を踏み入れるときに、私は常に感じてきたように思う。それは、自分で着替え、自分で食べ、自分で寝て、自分で寝返りをうって、自分でトイレにいく私の日常とは、別の日常を送っている人がいることを、確認することにもつながる。あたり前に自分とは異なる生活や生活様式がある。それが多くの人の連なりのなかで実現してきているということ。そのことに、いつも、何かしら、強く引き付けられながら、介助に通っているような気がする。

夜の介助はお風呂介助からはじまる場合が多い。

介助先のお風呂は、二人の介助者が関わる。「お風呂だよ」という声掛けからはじまり、風呂場の近くにまず介助者二人でUさんの身体を移動する。一人目の介助者が洋服を脱がせ、風呂場に移動し、身体を洗う。風呂のなかから、「熱い」「もう少しお湯をかけて」「もういい」といった声や、時には介助者との近況を交し合う日常会話が聞こえてくる。にぎやかなお風呂の場面だ。

私は、風呂から出てきたときの準備として、バスマットを敷き、タオルを広げ、短パンを履く。そのうち、風呂場から「湯船につかりまーす」と一方の介助者から声がかかる。そこで私も風呂場に入る。二人がかりでUさんを浴槽へ入れる。小さな浴槽につかるUさん、その身体を支えながらお風呂のお湯を肩や首回りにかける短パンで足だけ湯船につけている私。冬はゆっくり目、夏は早目にUさんがお湯につかる。「お湯かけてよ」、「もっと」、「肩の方」「首の方も」と言われながら、お湯をかけていく。「もういい」というのを合図に、外にいる介助者に声をかけ、二人がかりでUさんをかかえて、風呂場からでて、広げておいたタオルの上に体を横たえる。

「気持ち良かったー」というときもあれば、「暑い暑い仰いで仰いで」というときもある。そして用意しておいた服に着替え、一方の介助者は風呂の片づけをして、にぎやかなお風呂時間が終了する。

それからベッドに移動して、夜の時間を過ごす。介助者の一人は仕事を終え帰っていく。そこで介助者同士は、「それでは失礼します」「おつかれさまでした。気をつけて」と小さく声をかけあったりする。

そこからは、二人の時間になる。

その後、「トイレ!」となればベッドの上で差し込み型の便器をつかって排泄介助をしたり、おむつと尿パッドを交換したり、「お茶飲む!」となれば水分補給をしたり、「頭がかゆい」となれば頭を掻いたり、「携帯みる」となれば携帯でメールやネットをみたり、日々の出来事を話したり、あれこれして時間が過ぎていく。

そして就寝前には、鼻マスク型の呼吸器をつけるという作業があり、うまく装着できるまでのあれこれがありつつ、呼吸器が装着できると、就寝となる。就寝後は呼吸器の不具合で起きたり、体位を変えたり、タオルケットを上げたり、下げたりしつつも、時間がすぎ、翌朝を迎える。

翌朝は、呼吸器を外し、着替えをしたり、尿パッドの取り換えなどをしている頃に、交代の介助者が到着し、介助終了時間を迎える。この間、私は一人でトイレを借りて、しずしずとトイレで用を足したり、歯を磨いたり、顔を洗ったりもして、介助終了と共に、軽く介助者同士で会釈をしたりしながら、介助先を後にする。

これが私の泊り介助先での時間の過ごし方ということになる。

4 にぎやかなトイレ

ここで、トイレ介助にかかわるある言葉を引いてみたい。

――「障害」を持っているがゆえにしんどいこともあったし、子宮摘出問題のような社会の意識が影を落として、私の子宮を重くしていた時期もあった。しかし、いま現在、「障害」を持ってトイレ介助に人を要しているということは、なんていろんな出会いと可能性を含んで、外に広がっているのだろうと思う。それに比べて、「障害」を持たない女たちが、たった一人で四角い空間の中で奮闘しているのを思うと心が痛くなる。私のトイレは、2人で入っているのでいつもにぎやかだし、だいたいトイレのドアが閉まらないのであけっぱなしだ。（境屋純子〔一九九九〕「障害をもつ私と月経」『生理　性差を考える』）

境屋純子さん。通称うららさん。うららさんは、脳性まひで、自立生活運動の先達の一人だ。まだ、介助者を伴う地域での自立生活が、制度的にも整備されていない時期に、周りの人を巻き込みながら、地域での暮らしを作り、結婚や離婚、子育て、孫育てをしてきた。現在も、二四時間の介助をいれながら、地域で自立生活をしている。

実は、先に書いた私の主たる介助先が、このうららさんの家になる。私は、この文章が書かれた一九九九年頃から、うららさんの家や外出先で、にぎやかなトイレを経験し、最近では、先に書いたようなにぎやかなお風呂の経験を重ねている。

そして、にぎやかなトイレのなかで、あれこれの対話を重ねてきた。

例えば、タンポンをいれたことがない人にタンポンをいれてもらうのに苦労したという話。どこに、どうやって、どのくらいまで入れてもらうか、汗をかきながら、試行錯誤してやって、ようやくよい感じでいれてもらえたときは、なんとも達成感があったというエピソード。また、月経が終わりに近づいた頃、もうないだろうと思っていたら、急に月経が来て困ったという話や、一度来た月経がなかなか終わらないという話。そして、現在は、尿とりパッドの使い方や使いやすいおむつの話など、年齢や生活の変化を反映したあれこれの話題とそれをめぐる対話を重ねてきた。

思い返すと、すでに二〇年近くの介助通いのなかで、当初は、月経介助にまつわる話をあれこれ重ね、その後、月経が終わりに近づき、不定期になった月経とのつきあいの話を聞き、いまは月経がなくなり、動きやすく使いやすい尿とりパッドやおむつの話に話題が移行するという変化を経験してきた。私自身が、あたかも自分の経験として、それらの身体の変化を経験してきたかのような思いさえある。

考えてみると、一人の人の身体の変化に、なんだかんだ、長く付き合ってきているなと思い返す。そして、そうした「にぎやかなトイレ」の経験の積み重ねが、私の日々の「たった一人でのトイレ」にも、少なからぬ影響を与えてきたと感じる。

それは、例えば、たった一人で、四角いトイレで奮闘、しながらも、にぎやかなトイレを思い起こすということでの影響であったり、自分の月経の際に、月経介助で聞いた話を思い出してみるというかたちでの影響であったりする。そうしたことで、私自身は、「たった一人でのトイレ」を、想像上の「にぎやかなトイレ」へとゆるやかに変えてきたようにも思う。

ただ、一方で、日常生活全般に介助を必要とする人が、うららさんのように、ある意味では「あっけらかん」と、「にぎやかなトイレ」を過ごしているとは限らない。

実際、これまでにも、私自身が、介助者として息の詰まるトイレでの介助を経験したことを思い起こすことができる。特に月経の際の介助では、介助に行った先の方が、辛そうに「今日はあれです。すいません」といった言い方で、月経であることを伝えてくれ、パッドを取り換える際にも、苦痛の表情を浮かべられ、介助をする側としては、ともかく、速やかにトイレ介助を終えることを旨として介助をしたこと、買い物の介助で生理用品を買うのにあたり、気まずい空気が流れたときのこと等などの経験だ。月経は、今も、女性たちにとって、言葉にしにくい経験であることが続いているようにも感じる。

5 やっかいな月経と付き合う

月経という経験は、それを経験する女性たちにとって、実にやっかいなものだ。

月経時には、生理痛や月経前症候群による眠気、だるさなど、身体的な苦痛が生じる場合もある。また、月経が急にはじまってしまって衣服や椅子を月経血で汚してしまったり、布団が汚れてしまい朝からシーツをはずして洗濯しなければならなかったり、月経時の大変だった経験は、思い出したくない、辛い経験に満ちている。

しかし、月経は、一定年齢の、多くの女性が経験していることでありながら、日常的には、話題にされることは少なく、どちらかといえば、隠されており、あたかも、そんな辛い経験はないことのようにされている。

そう、うららさんが書いていたように、一人でトイレをすませることができる女性たちは、辛い月経のときも、たった一人、四角い空間の中で、月経血にみまわれた身体と奮闘している。

自分自身、幼い頃に、月経のときには、「一人で、きちんと、始末して、きれいに、問題がないかのごとく過ごしていくように」と、そんなメッセージを受けてきたように感じる。

月経は、経験されながら、言葉にしづらい経験として、今なお、一人ひとりの女性たちのうちに閉じ込められていると言えるのではないか。

では、月経はなぜ語りにくいのか。

その問題を考えていくと、性の領域にある、非対称的なジェンダー規範の問題を考えていくことになる。性の領域にある非対称なジェンダー規範とは、男性は性的な主体で能動的であり、女性は性的な客体で受動的であるとする、性の二重基準（ダブルスタンダード）を考えることになる。

性の二重規範が存在するなかで、女性たちは、性にまつわるテーマについて能動的に語ることが難しい立場に立たされてきた。女性が性にまつわる事柄について能動的に語ることは、今も、マイナスに価値づけられている。そして、性にまつわること全般、つまり自らの月経のことから、性的な欲望などを含めたセクシュアリティについても、言葉を持たず、自覚的になれない場合が多い。

月経について女性たちが語り難さを感じる背景には、こうした性の二重基準に縛られた女性に課せられた性の規範の問題があるといえる。

こうした規範は、時代のなかで変化してきていると言えるが、今も、一定の拘束力をもって、女性たちを縛っている。

そして、こうした規範の基盤には、〈性的に能動的な男性〉と〈性的に受動的な女性〉を対とする男女のペアを、人間の基本的関係とみなす「異性愛中心主義」が存在している。そして、同時にそこには、異性愛の男女が〝健康な子どもを産み育てる〟関係を、「標準的家族」と位置付け、社会の基本単位とし、それをあるべきモデルとみなす、健常者中心主義の存在も見えてくる。

こうした異性愛中心主義と健常者中心主義が重なった構造のなかで、月経を語ることの困難がもたらされている。

さらには、月経は、往々にして、「子どもを産むこと」に関わるテーマという位置づけが与えられてきた。このことも、月経について考える際に外せない問題だ。

障害がないとされる女性たちは、初潮がはじまると、将来子どもを産むための準備を身体がはじめたのだから、身体をこれまで以上に大切にする必要があるといったことを親や周囲の大人から聞かされたりする。初潮のときに、赤飯が炊かれ、大人の身体になったことのお祝いをされたという経験をした人も、少なからずいると思う。

しかし、障害がある女性のなかには、月経がはじまったときに周囲から「(子どもを産む可能性がないので) 生理はなくてもいいんじゃないの」と言われたり、「こういうことは一人前」と嫌みを言われたという経験、また、あからさまに月経の介助を面倒くさいと言われたという経験、さらには、始末が面倒な月経はなくしたほうがよいと子宮摘出をするように促されたという経験など、否定的な経験としてためてきている人たちが少なくない(8)。

障害のある女性たちからは、月経がくることで自分の身体が大人になっていくことが、周囲に歓迎されず、戸惑いや負担感をもたらしていることが辛かった、といった言葉が聞こえてくる。

さらに、障害がある人が経験してきたこれらの否定的言葉がけは、単に言葉がけにとどまらず、一九九六年まで存在した優生保護法（現・母体保護法）のもとで、「不良な子孫の出生防止」という名目で、強制不妊手術を施されるという、実質的な身体への介入というかたちで具体化されもしてきた。(9)

この社会は、一方で、女性の身体を、産む可能性のある身体／産むべき身体とみなし、産むことを要請し、他方で、「産むべきではないひと」というターゲットを定め、そこに「遺伝」や「障害」といった烙印を押すことで正当化を図り、強制的に不妊化を進めていくという、あからさまな個人の身体への介入、そして、個人の自由への介入を進めてきた。また、直接的には、優生保護法による規定とは外れる障害がある女性たちの子宮摘出手術も、生理介助の軽減等を目的にして行われてきた重い歴史がある。

ただ、実際には、月経は、一定年齢の女性たちの多くにとって、子どもを産むか産まないかに関わりなく、長く関わりがある経験だ。にもかかわらず、月経の経験は、「子どもを産む可能性のある身体」と結び付けられて理解され、説明されもしてきた。そのため、子どもを産む可能性の有無が、月経の必要性の有無として語られることもあった。

しかし、実際には、月経は必要であるか否かという判断の前に、身体におきてくる現象、身体のリズムとしてあるのであり、個々人がその必要性の判断をすることで、その有無を決めることは、基本的にできないものだと言える。(10)

その意味で、月経の経験は、子どもを産む可能性の有無とは切り離して、一定年齢の女性たちの多くに経験されるできごととして捉えなおされる必要があるのではないか。そうすることで、月経にまつわる身体的な苦痛は収まらなくとも、少なくとも、月経にかけられている、産む／産まないといったテーマにまつわる縛りからは、逃れるきっかけがつかめるように思う。

振り返れば、女性たちは、これまでも、月経を語りにくくしている規範を問題にし、女性たち自身による月経についての語り合いの場を作ってきた。

それは、例えば、一九八二年に刊行されている『女たちのリズム――月経・からだからのメッセージ』(女たちのリズム編集グループ、現代書館発行)という本に見ることができる。この本では、月経をめぐるさまざまな立場の女性たちの声がまとめられ、月経の語りにくさを越えて、女性たちが月経について語り、月経を女性たちの側に取り戻そうとしてきた活動を知ることができる。

この本のなかで、自身も障害のある堤愛子さんは、『比較的重い身体障害のために、子宮を〝子産みのための機能〟として期待されない人びと』が、どう月経と付き合っているか、またそのような人びととのつき合いの中で私自身、自分の月経をどうとらえてきたのか」を、複数の障害がある女性たちへの聞き取りを通して記す作業をしている[堤 一九八二]。

また、女性グループ「SOSHIREN女(わたし)のからだから」が呼びかけて行われてきた「女(わたし)のからだから合宿」といった場でも、障害のある女性たちも参加して月経の経験を語り合う場や、自分の身体を知るために自分の子宮口を見るスペキュラム体験のワークショップなどがもたれてきた。私も大学時代に、女性学のクラスのなかで紹介されたスペキュラム体験に関心をもち、ウィメンズセンター大阪という、女性のからだの問題に取り組んでいたグループの事務所で、年上の女性たちと共に、子宮口を見合うという経験をしたことがある。

ただ、残念なことに、そうした女性たち自身によるさまざまな実践的な取組みは重ねられてきてはいるものの、全体的にみると広がっているとは言えず、月経をめぐる女性たち自身の状況は変化してきたとばかりは言えないように思う。

そのようななかで、月経介助の経験は、通常は語りにくく、一人で閉じ込めて終わりにしてしまう（できてしまう）経験を、開かれたものにしていける可能性を示してくれる。それは、先に述べた「にぎやかなトイレ」という言葉に象徴されている。

介助をいれて生活している障害がある女性たちは、介助を通して、月経を共に経験するという日常を重ね、時には、よりよいタンポンのポジションを探して、あれこれ話をしながら、タンポンを装着したり、時には、更年期を迎えた身体とのつきあい方を探したりしながら、対話を開いてきている。私自身、介助を必要とする人の月経に関わる経験を通して、月経についての言葉や月経との付き合い方について考え、怖がらずに、他者の身体や自分の身体に関わることができるようになってきたと思う。

介助という、他者の日常生活への関わりは、今ある私たちの社会のなかの規範を、別な角度から捉えることを可能にするきっかけを、たくさん、含んでいる。

おわりに ◉ 隔たりを自覚しながら

私は、介助者を伴った生活をする人のもとに長く通うという生活を行いながらも、日々の生活のなかで、障害があり介助を入れながら日常生活を送る人たちの生活と、介助を伴わず、一人で日常生活動作を行えてしまう自分の日常生活とのあいだには、今も、大きな隔たりがあると感じている。

日々の暮らしや、日中の仕事場のなかでも、ふと気づけば、少なくとも目に見えるかたちでは障害がある人がいない、いたとしても関わりはごく限られているといえるような日常が広がっている。介助を入れた生活をしている友人や、さまざまな障害のある友人はいる。それでも、介助先のうららさんのような、二四時間介助者をいれながら、「普通の生活」をしている人と、介助先以外の場で、日常的に、あたり前に関わりあうことが、できているとは言い切れない。

私が生きている世界は、圧倒的に健常者中心の世界だと感じる。それは、何も偶然のことではない。私たちの社会は、障害がある人と、障害がないとされる人とのあいだを、分け隔てる社会であり、はっきりとした分断線があるとは言えないものの、社会の制度的バリア、物理的バリアをはじめとしたさまざまなレベルのバリアが存在している。

私自身は、介助という関わりを含め、この二〇年程のあいだに、障害がある人たちとの関係を広げ、関わりを重ねてきていると感じてはいるが、それでも、同時に大きくて深い溝の存在も感じる。

一人で日常生活動作を行えることが「普通」だとされているような健常者中心の社会。そこに、すぐに引き戻されてしまう自分がいる。そして、自分のなかにも、根深く、健常者中心の感覚や、価値観が存在していることに気が付く。

介助という行為は、単に二者関係のなかで捉えられることではなく、介助者がいる日常のなかにいる第三者を含めた、複数の人間関係の問題、さらには、より広い社会のなかでの介助を伴う生活をしている人を取り巻く社会の問題として見ていく必要があると第2節で書いた。ここでいう「社会の問題」のなかには、現在の社会のなかに確固として存在する、健常者中心主義的なまなざしの問題が含まれる。

実際に介助をするなかで、直接的には一対一で行っている介助が、より広い社会からのまなざしを受けて、窮屈に感じられたり、居心地が悪いものとなったりする場合がある。特にそれは、自宅での介助のような二者関係では終わらない場面、例えば、障害がある人と共に外出し、外の世界に触れるときに起きてくる。外の世界は、介助を入れて生活をする日常を送っている人がいることが前提とされていない。そして、障害当事者が、介助者を入れて物事を決める立場にあるということも理解されていない。そこには、一人でできてしまう人々で構成された健常者中心社会がそびえている。

介助を入れて生活している人の日常の空間と、一人で日常生活動作ができてしまう健常者とされる人たちによる圧倒的な健常者中心主義的な日常とのあいだには、大きくて深い溝のようなものがある。一人で日常生活動作ができることが「当たり前」で、「普通」とされ、それができない人たちは、「社会のお荷物」的な扱いを受け、価値が引き下げられる社会。こうした、健常者、なかでも効率よく動ける（働ける）とみなされる成人男性がトップに位置づき、そこから外れる、なんらかの事情を抱えた身体をもつ人たちが下位に位置づけられて序列化されていく社会。そうした社会のなかで、窒息してしまうような思いを持ちながら、その溝に橋をかけていこうとする試みが介助という試みなのではないかと、介助の経験を重ねながら感じてきた。

介助を通して、私は、現に、異なる他者が、異なる生活様式で、健常者的な感覚とは異なる価値観をもって、日々の「日常生活」を送っているということを知った。そして、そのことが、例えば私自身の、たった一人でのトイレでの奮闘を、想像上でのにぎやかな経験へと、橋渡ししてくれた経験として、自分のなかにたまってきたことを実感してきた。

それでも、まだ、深い溝があることを感じながらも、介助という人との関わりがもたらす行為が、今の社会のなかにあるさまざまな規範を問い返すちからとなることを信じて、介助という経験をこれからも重ねていきたいと思う。そして、介助をともないながら日常生活を送っている人たちがいるということが、より広く知られていくことを願っている。

註

(1) 障害者自立生活センターの成り立ちや、介助保障制度の歴史について記したものに、安積ほか編〔一九九〇〕、全国自立生活センター協議会〔二〇〇一〕、渡邉〔二〇一一〕などがある。

(2) 全国自立生活センター協議会のホームページにある「自立の理念」からの引用。http://www.j-il.jp/about-rinen（二〇一九年三月三日アクセス）。この定義は、現在は、書き換えられているが、ここでは、執筆時点に書かれていた理念を掲載した。

(3) 例えば、瀬山〔一九九九〕、「介助者という関わり」（東京大学学術創成研究「総合社会科学としての社会・経済における障害の研究」HP掲載エッセイ（二〇〇八）http://www.rease.e.u-tokyo.ac.jp/read/jp/archive/essay/ss03.html#080601（二〇一九年三月三日アクセス）、「介助・介護の時間」（東京大学多様性の経済学HP掲載エッセイ（二〇一〇）http://www.reddy.e.u-tokyo.ac.jp/act/essay_serial/seyama.html）瀬山〔二〇一三〕、瀬山〔二〇一七〕等。

(4) 例えば、前田〔二〇〇九〕、杉田俊介・渡邊・瀬山編〔二〇一三〕等。

(5) CILくにたち援助為センターで、介助者向けの連続講座として開かれているもの。講座では、障害当事者がリーダーとなり、ピア・カウンセリングの手法なども取り入れながら、障害者と介助者の関係の振り返りや、介助をしていく上で介助者が抱える感情への向き合い方などがテーマになり、グループでの学びあいが行われている。

(6) 私自身は、東京都多摩地域のCILが母体となって立ち上げている社会福祉法人・幹福祉会のヘルパー養成研修に参加。幹福祉会は、CILの基本理念、「障害者自身がサービスの担い手になる」という考え方にもとづき、介助者養成研修等を行っている。

（7）ここで記した介助経験については、追記するかたちで、「介助・介護の時間」（東京大学多様性の経済学ＨＰ掲載エッセイ〔二〇二〇〕http://www.reddy.e.u-tokyo.ac.jp/act/essay_serial/seyama.html）として展開している。

（8）こうした経験については、例えば、ＤＰＩ女性障害者ネットワーク編〔二〇一二〕で読むことができる。

（9）強制不妊手術については、二〇一八年一月三〇日に仙台地方裁判所で優生保護法による強制不妊手術の被害を訴える国家賠償請求訴訟が起こされて以降、全国優生保護法被害弁護団が結成され、二〇二二年五月現在までに、二五人の原告（四名が逝去）が全国九つの地方裁判所、四つの高等裁判所で裁判を起こすなどの大きな展開が続いている。強制不妊手術をめぐるこれまでの活動や強制不妊手術による被害実態については、優生手術に対する謝罪を求める会編〔二〇一八〕、大橋〔二〇一八〕、利光〔二〇一六〕に詳しい。

（10）現実には、一九八〇年代に、障害のある女性自身による、子宮摘出の合法化を求める声（「自分は子宮をとって生理介護を受けなくなってすごく自分の人生が広がった」、しかし「子宮摘出は安全な形ではできないから法的に保障して欲しい」）があり、必要な人が子宮摘出をできるようにするべきだといった声があり、議論されてきた過去もある。この議論については、瀬山〔二〇〇二〕を参照のこと。

参考文献

安積純子・岡原正幸・尾中文哉・立岩真也〔一九九〇〕『生の技法　家と施設を出て暮らす障害者の社会学』藤原書店。

大橋由香子〔二〇一八〕「優生保護法によって傷ついた女たちの経験から」『世界』（九〇六）、岩波書店、二一三―二二一。

女たちのリズム編集グループ編〔一九八二〕『女たちのリズム　月経・からだからのメッセージ』現代書館。

倉本智明編〔二〇一五〕『セクシュアリティの障害学』明石書店。

境屋純子［一九九二］『空飛ぶトラブルメーカー』教育史料出版会。

――［一九九九］「『障害をもつ私と月経』池田祥子編『「生理」性差を考える』ロゴス社、八〇―八八。

ＣＩＬくにたち援助為センター［一九九七］『深い河を越えて「知的障害者をよりよくサポートするための勉強会」記録』ＣＩＬくにたち援助為センター。

杉田俊介・渡邉琢・瀬山紀子編［二〇一三］『障害者介助の現場から考える生活と労働』明石書店。

瀬山紀子［一九九九］「介助者から見た「生理」」池田祥子編『生理 性差を考える』ロゴス社、八九―九九。

――［二〇〇二］「声をうみ出すこと――女性障害者運動の軌跡」石川准・倉本智明編『障害学の主張』明石書店、一四五―一七三。

――［二〇一三］「介助とジェンダー」杉田俊介・渡邉琢・瀬山紀子編『障害者介助の現場から考える生活と労働』明石書店、二二四―一四九。

――［二〇一七］「障害がある女性たちとの関わりから」『現代思想』四五（八）、青土社、一六六―一七〇。

――［二〇一八］「優生保護法が問いかける現在進行形の課題」『女性展望』六九二、市川房枝記念会女性と政治センター、九―一一。

全国自立生活センター協議会［二〇〇一］『自立生活運動と障害文化』現代書館。

堤愛子［一九八二］「月経なんていらない？ 障害をもつ女たちの月経」女たちのリズム編集グループ編『女たちのリズム 月経・からだからのメッセージ』現代書館、一〇八―一一二。

ＤＰＩ女性障害者ネットワーク編［二〇一二］『障害のある女性の生活の困難――人生の中で出会う複合的な生きにくさとは――複合差別実態調査報告書』ＤＰＩ日本会議発行。

利光恵子［二〇一六］『戦後日本における女性障害者への強制的な不妊手術』立命館大学生存学研究センター。

前田拓也［二〇〇九］『介助現場の社会学』生活書院。

優生手術に対する謝罪を求める会［二〇一八］『増補版 優生保護法が犯した罪』現代書館。

渡邉琢［二〇一一］『介助者たちは、どう生きていくのか――障害者の地域自立生活と介助という営み』生活書院。

第四章

「見えない」障害のカミングアウトはなぜ難しいのか？

飯野由里子

見えない障害は、同性愛のアイデンティティのように、カミングアウトするのかそれともパッシングするのか、またそれらをいつするのかをめぐり、常にジレンマを抱えている。見えない障害をもつ人は、これまで隠してきた障害を明らかにすることで、人間関係をダメにしてしまうリスクを常に心配しなければならない。[Garland-Thomson 1997: 14]

特に述べられていない限り、障害がないと思われてしまう。最も明白に類似しているのが性的指向であり、（特に述べられていなければ——引用者註）異性愛だとみなされる。ゲイ男性やレズビアン女性のカミングアウトは、このことに関連している。そこがジェンダーや人種の分類とは異なるのだが、障害者には似たようなカミングアウトの過程がある。[Swain & Cameron 1999: 68]

1 「見えない」障害のカミングアウト

カミングアウトは、性的マイノリティの運動やコミュニティの中で、一九七〇年代から用いられてきた言葉である。[1] その言葉が、一九九〇年代後半には障害の領域において、とりわけ「見た目」だけではわかりにくい障害（以下、「見えない」障害[2]）をもつ人たちの間で共通言語として用いられ始め、性的マイノリティの経験と障害者のそれとの「近さ」が指摘されてきた。エピグラフはそうした事例の一部である。だが、性的マイノリティと障害者とでは社会的に付与されている意味づけや社会的に置かれている立ち位置が大きく異なる。そのことが両者のカミングアウト経験に重要な違いを生み出している可能性がある。そこで、本章では、「見えない」障害をもつ人たちが実践するカミングアウト（とりわけ、そこで経験される困難さ）に注目し、これまで性的マイノリティによる実践（より正確にいうと、ゲイやレズビアンによる実践）を中心に形成されてきたカミングアウト理解に再検討を促すような知見を見出したい。

カミングアウトはもともと、性的マイノリティの運動やコミュニティにおいて、coming out of the closet（クローゼットから出る）という一連のフレーズの中で用いられていた言葉である。このことは、カミングアウトという言葉に、クローゼットの中に隠れて「見えない」状態にある人が、そこから出て「見える」状態になるという意味が含まれていたことを示している。この点を踏まえると、外見からは「見えない」状態になっている障害を「見える」状態にするための言語行為のことをカミングアウトと呼ぶのは、とてもふさわしい。また、ガーランド＝トムソンやキャメロンとスウェインがエピグラフで述べているように、「見えない」ものを「見える」ようにする、しかもそれを言語的に行うという矛盾した、不可能にも思えるような実践を行う必要がある点で、「見えない」障害をもつ人たちは性的マイノリティと似た社会的位置に置かれていると言える。

だが、性的マイノリティのカミングアウトと「見えない」障害をもつ人のそれとの間には違いもある。例えば、性的マイノリティの場合、家族（とりわけ親）へのカミングアウトが最も難しいとされる［砂川 二〇一八：一〇六］。これに対し、障害者の場合、障害に関する情報を本人よりも先に親や家族が知っていることは少なくない。また、障害に関する情報は個人のプライバシーに関わる情報であるにもかかわらず、親や家族になら伝えてもよい（むしろ、伝える必要がある）と考えられがちだ。これに対し、性的指向や性自認に関する情報について同様の判断が下されることは少ない。

性的マイノリティのカミングアウトと障害者のカミングアウトの間に存在するこうした違いを整理するにあたり、第2節では、カミングアウトする対象や文脈に着目する。具体的には、先行研究において採用された区分をもとに、カミングアウトを三つの位相（「自分自身に対するカミングアウト」「不特定多数に向けてのカミングアウト」「特定の他者に向けてのカミングアウト」）に分ける。性的マイノリティも障害者も、日常生活においてそれぞれの位相のカミングアウトを実践している。だが、多くの障害者がより頻繁に経験している（経験せざるを得ない）のは、「特定の他者に向けてのカミングアウト」であり、これは、とりわけ配慮や支援を得ようとする文脈において行われる。この点において、障害者のカミングアウト実践は、性的マイノリティが従来実践してきたそれと大きく異なっている。

加えて、この位相におけるカミングアウトは、「見えない」障害をもつ人たちから、困難を伴う経験として語られてきた［飯野 二〇二二］。さらに重要なことに、カミングアウトの困難さは、「見えない」障害をもつ人たちが社会活動上必要としている調整や支援を得ようとする際の妨げにもなっている。こうした問題意識のもと、第3節では、カミングアウトを困難にしている社会的要因に目を向け、障害をめぐり存在しているスティグマと、カミングアウトの受け手側がもつ固定的な認識枠組みの二つの問題を取り上げる。その上で、第4節において、こうした問題を解決していくために現在どのような対応がなされており、そこにどのような問題が含まれるのかについて考えたい。

2　カミングアウトの諸相

カミングアウトは、複数の異なる背景や意味合いを伴う実践として理解されてきた。例えば、サミュエルズは、カミングアウトには「自分の中でのカムアウト（come out）」と「誰かに対するカムアウト（come out to）」という、二つのまったく異なる行為が含まれており、両者を分けて考える必要があると指摘する［Samuels 2003: 237］。これと似た区分は、プラマーの議論にも見られる。そこでは、サミュエルズのいう「（自分の中での）カムアウト」に対応するものとして「個人で行うカミングアウトすること」が、「誰かに対するカムアウト」に対応するものとして「公的なカミングアウト」「政治的なカミングアウト」「私的なカミングアウト」が振り分けられている［Plummer 1995=1998: 115-120］。

本節では、これらの議論を受け継ぎ、「自分自身に対するカミングアウト」と「他者に対するカミングアウト」を分けて捉える。また、プラマーの区分を参考にしつつ、「他者に対するカミングアウト」についても、「不特定多数に向けてのカミングアウト」と「特定の他者に向けてのカミングアウト」に分けて捉える（表1）。以下、それぞれの位相について簡単に見ていこう。

表1　カミングアウトの諸相

サミュエルズ［2003］	プラマー［1995＝1998］	本章での区分
自分の中でのカムアウト（come out）	個人で行うカミングアウト	自分自身に対するカミングアウト
誰かに対するカムアウト（come out to）	公的なカミングアウト	不特定多数に向けてのカミングアウト
	政治的なカミングアウト	
	私的なカミングアウト	特定の他者に向けてのカミングアウト ‐人間関係を構築するためのカミングアウト ‐配慮や支援を得るためのカミングアウト

（1）自分自身に対するカミングアウト

自分自身に対するカミングアウトとは、サミュエルズが「自分の中でのカムアウト」プラマーが「個人で行うカミングアウト」、と位置づけた位相である。この位相において、個人は初めて自身のアイデンティティに気づき、受け入れる。このため、カミングアウトの前後において重要な「内的な転換」が起きたことが強調され、カミングアウトが「天啓を得たような出来事」として語られる［Samuels 2003: 237］。プラマーの言葉を借りれば、カミングアウトが「再生経験」［Plummer 1995＝1998: 106］として語られるのだ。

その典型例を、アメリカの詩人でありラディカル・フェミニストとしても知られるアドリエンヌ・リッチの語りに見ることができる。レズビアンとして初めて自分自身にカミングアウトした時のことを振り返り、彼女は次のように語っている。

私には、ニューヨーク市のある街区を歩いている時の壊しがたい記憶がある。抑えきれない思いから、女性が好きだと自分で認めたあとの時間だ。生まれて初めてセクシュアリティを、霞がかかったような気持ちではなく、澄み切った気持ちで経験した。あの情熱、名づければそうなるが、それが長い厳然たる一条の光の帯を私の未来に投げかけた。人生が決定的にしかも永久に違うものになると知った。その変化が、私に力のようなものを感じさせた。[Penelope & Wolfe 1989: xii]

こうした内的な転換や再生経験は通常、「自分が誰であるかを明確にする自己対話」[Plummer 1995＝1998: 115]を通して起きるとされる。しかし、自己対話を行う際に用いる言説や道具立ては、自己の外から、とりわけ特定の（多くの場合、周辺化されたマイノリティの）コミュニティや運動、文化によって提供される。この意味で、自分自身に対するカミングアウトは、純粋に個人の内部で行われるのではない。むしろ、それは周辺化されたマイノリティのコミュニティ、運動、文化とのネゴシエーションを通して行われる［飯野 二〇〇八］。

同様のことは、障害者が行うカミングアウトでも指摘されている。例えばキャメロンとスウェイン［一九九九］は、カミングアウトを障害者が自身の個人的アイデンティティを再定義する過程と捉えた上で、そこでは障害をめぐる言説に関して二つの重要な転換が起きると述べる。

この表明（「私は障害者である」という表明―引用者註）の中には、言説をめぐり二つの変化が横たわっている。第一の転換は、インペアメント（機能障害）の診断に関する医療的言説から、インペアメントを持つ人びとが直面している無力化するバリア（disabling barriers）に関する社会的言説への転換である。第二の転換は、障害を異常性や依存と結びつけるような支配的な言説から、障害者のアイデンティティの中に差異の称揚やプライドを見出していくような転換である。これらの言説変容において、個人的なものは政治的なものとなり、そしてカミングアウトは個人的なアイデンティティの変化ばかりでなく政治的で集団的なコミットメントとなる[Swain & Cameron 1999: 77]。

自分自身に対するカミングアウトは、非規範的な性（ジェンダー／セクシュアリティ）のあり方や障害など、既存の社会において否定的に捉えられてきた特徴や属性に対し、別の意味を与えていく過程として理解できる。その際、「別の意味」の生成に必要なリソース（言説やスペース、関係性）は、多くの場合、性的マイノリティや障害者自身のコミュニティや運動により提供されてきた。この意味で、自分自身に対するカミングアウトは、たとえそれが個人の内部においてのみ生じているように見えたとしても、それぞれの社会的マイノリティが培ってきた文化や歴史と無関係に存在しているわけではない。キャメロンとスウェインが指摘しているように、自分自身に対するカミングアウトは、すでに政治的な過程を含んでいる。

（2）不特定多数に向けてのカミングアウト

第二の位相は、不特定多数に向けてのカミングアウトである。これは、サミュエルズの言う「誰かに対するカムアウト」の一部であり、かつ、プラマーの言う「公的なカミングアウト」と「政治的なカミングアウト」の両者を含む。プラマーによって「公的」と「政治的」に区分されたものを、統合する理由は二つある。

第一の理由は、公的なカミングアウトと政治的なカミングアウトは常にではないが、重なり合いながら存在していると考えられるからである。プラマーは、ある個人のセクシュアリティに関する情報や語りが「自己の制御のおよばない公的な知識になりうる」場合、平たく言うと「みんなに知られる」場合を「公的なカミングアウト」に、「社会変革の手段として使われる」場合を「政治的なカミングアウト」に振り分けている［Plummer 1995＝1998: 116］。しかし、カミングアウトが社会変革の手段として用いられるとき、それはその時点ですでに一定程度公的なものとして理解され、拡散され、共有されているはずだ。したがって、「公的なカミングアウト」と「政治的なカミングアウト」という区分はあまり妥当ではない。

第二の理由は、社会変革の手段として用いられるカミングアウトのみを「政治的」とみなすことは問題だと考えるからである。こうした見方は、「政治的」な領域をあまりにも狭く捉えすぎており、その結果、自分自身に対するカミングアウトや公的なカミングアウトが潜在的に有する政治性を捉え損ってしまう。フェミニズムは、「個人的なことは政治的なこと」というスローガンのもと、個人的なこととして切り捨てられがちだった事柄の中に政治性を見出そうとしてきた。この視点を重視するならば、「政治的」なものに関するプラマーの理解を無批判に受け入ることはできない。

以上二つの理由から、本節ではプラマーの言う「公的なカミングアウト」と「政治的なカミングアウト」の両方にまたがる位相に対応する概念として、不特定多数に向けてのカミングアウトを用いる。その最もわかりやすい例は、メディアを通して行われるカミングアウトである。性的マイノリティや障害者はテレビ番組、新聞や雑誌等の紙媒体、そして近年ではさまざまなインターネット・メディアを通してカミングアウトを行っている。これらはすべて、プラマーの言葉を用いるならば「公的」な情報や知識として、不特定多数の人々に伝えられる。しかし、その目的や効果は多様である。例えば、自分のマイノリティ性をこれ以上隠し続けることはできないという切実な思いからカミングアウトをする人もいる。あるいは、自分が何者であるのかをなるべく多くの人に知ってもらいたいという思いからカミングアウトをする人もいる。その他、特定のマイノリティに関する「正しい」知識を広めたいという思いから、自分たちが経験している苦境や窮状を知ってもらいたいという思いから、特定のマイノリティが社会の中に実際に存在しているという事実を伝えたいという思いから、カミングアウトをする人もいる。

ただ、あるカミングアウトが、それが狙った通りの効果をもたらしたかどうかを判定するのは極めて難しい。とりわけ不特定多数に向けてのカミングアウトは、受け取る側も多様であるため、不確実性が増す。カミングアウトをした人が伝えたかったことが相手に伝わることもあれば、まったく伝わらず、誤解だけが増幅されることもある。逆に、本人の意図とは別に、ある人のカミングアウトが特定のマイノリティ集団にロールモデルを提供するような効果をもつこともある。カミングアウトをした本人がすでに著名人であるときなどは、こうしたことが起こりやすい。また、ある人のカミングアウトが、他の多くの人々のカミングアウトを誘発することもある。

また、不特定多数に向けてのカミングアウトの中には、メディアを通して行われるもの以外にも、社会運動への参加を通して行われるカミングアウトも含まれる。性的マイノリティや障害者は、署名活動、集会、デモへの参加等を通してカミングアウトをしていることがある。これは、社会運動への参加が即、カミングアウトになるということではなく、社会運動に参加する過程においてカミングアウトがなされている、という意味である点に注意してほしい。こうしたカミングアウトは、不特定多数の人びとに向けて「私は○○である」と、アイデンティティを表明する過程で生じることもある。だが、そのような表明がなくとも、ただ集会やデモの場に存在することによって、またそこでシュプレ

ヒコールに参加することによって、カミングアウトが行われている場合もある(3)

(3) 特定の他者に向けてのカミングアウト

特定の他者に向けてのカミングアウトは、サミュエルズの言う「誰かに対するカムアウト」の一部であり、かつ、プラマーが「私的にカミングアウトすること」と呼んだ位相と部分的に重なる。プラマーは、ここでのカミングアウトを「『もっともかたい信頼』がある特定の他者」に対して行われる「打ち明け話」[Plummer 1995＝1998: 118]と捉えている。たとえ不特定多数に向けてカミングアウトをしていなくても、自分が信頼している相手（友人、きょうだい、仕事仲間、親）にはカミングアウトをしているという人は、性的マイノリティの中にも障害者の中にも多い。こうしたカミングアウトは、人間関係を構築するための自己開示の一環として、自身のアイデンティティに対する承認を求める目的で行われる。

だが、特定の他者に向けてのカミングアウトが行われる文脈は、もっと多様でありうる。例えば、ある年齢に達した途端、親から「結婚するつもりはあるのか。いつ結婚するのか」と繰り返し言われ続けることに嫌気が差し、レズビアンであることをカミングアウトした女性について考えてみよう。この場合、彼女は親に対して「もっともかたい信頼」があるから、レズビアンであると打ち明けたわけではない。そうではなく、親に対してこれ以上結婚の話を持ち出して自分に嫌な思いをさせないよう忠告しているのだ。文脈によっては、同性同士の婚姻を認めていない現行の社会制度の不当性を同時に指摘しているると解釈することもできる。

「かたい信頼」があるわけではない特定の他者に対するカミングアウトは、障害者によっても行われる。とりわけ、見えない障害は、「見た目」からだけでは障害があることがわからないため、周りから勝手に「健常者」とみなされてしまうことが多い。つまり、本人の意図に関係なく「健常者」としてパッシングしてしまうのである。[4] パッシングすることで、「見えない」障害をもつ人は、周りから余計なお世話を焼かれたり、子ども扱いされたりして嫌な思いをしなくてもすむ、という側面がある。だが、「健常者」としてパッシングしてしまう経験は、「見えない」障害をもつ人にとっては、困惑させられたり居心地の悪い思いをしたりする経験でもある。そこで、相手が無意識的に押し付けてくる思い込みをあらわにすることを狙って、障害のカミングアウトが行われることがある。こうしたカミングアウトは、たとえ私的な関係の中で行われたとしても、政治的な機能を有している。第三の位相を、特定の他者に向けてのカミングアウトという、プラマーではなくサミュエルズの区分に近い名称にしたのは、「私的なカミングアウト」に含まれるこうした政治性を捉える余地を残すためである。

しかし、特定の他者に向けて行われるカミングアウトのうち、現在、障害の領域で最も頻繁になされているのは、具体的な調整を得るためのカミングアウトである。この傾向は、二〇一六年四月に施行された障害者差別解消法（以下、差別解消法）及び改正障害者雇用促進法（以下、雇用促進法）で合理的配慮が法制化されたことにより、これまで以上に強まっている。合理的配慮とは、障害者の個別のニーズを踏まえ、「過重な負担」[5] が生じない範囲で行われる社会的障壁の除去のことを意味する。例えば、紙に印刷された資料にアクセスすることが難しい人たちに対して、他の方法（電子データや点字など）で情報を提供するといった調整がこれにあたる。つまり、合理的配慮とは、社会のさまざまな領域で、障害者が他の者と同等の機会を得るために必要な調整や変更を個別かつ柔軟に行うことを意味する。

こうした合理的配慮の内容は、差別解消法においても雇用促進法においても、障害者―配慮提供者間の対話を通して決定されることになっている。また、その対話は、原則として、障害者からのニーズの表明を受けて開始されることになっている。[6] ここでいうニーズの表明とは、(1) インペアメント(機能障害)がある者が、(2) インペアメントとの関連で直面している社会活動上の困難、(3) その困難を軽減・解消するために必要としている調整・変更のうち、いずれかを表明することを指す。差別解消法及び雇用促進法のもとでは、原則として、こうしたニーズ表明を受けてから障害者-配慮提供者間の対話を開始し、両者の対話の中で、障害者が直面している社会的障壁とそれを取り除くために必要な合理的配慮の内容を特定することが求められている。つまり、障害者が合理的配慮を受けるための前提条件として、先に記した (1) ~ (3) のいずれかについてカミングアウトすることが想定されている。

この原則は、これまで「配慮」や「支援」の名のもと、障害者の意向や尊厳、人権を無視した一方的な介入や指導、不利益的な取り扱いがなされてきたことを考えれば重要である。しかし、障害者の中にはカミングアウトを伴うニーズ表明そのものに難しさを抱えている人もいる。その場合、その人は合理的配慮を受けるために必要とされている配慮提供者との対話の入り口に立つことさえできないまま、不利な状態に置かれ続けることになる。こうした状況に対応していくためには、合理的配慮の提供において、カミングアウトを伴うニーズ表明を誰もができると前提せず、むしろ、それを困難にしているさまざまな社会的障壁を特定し、議論の俎上に載せていく必要がある。そこで次節では、「見えない」障害をもつ人が経験するカミングアウトの困難に関する先行研究をもとに、二つの社会的障壁に焦点をあてて議論を進めていきたい。

3　カミングアウトを困難にするもの

(1) スティグマをめぐる問題

ニーズ表明の過程で行われる障害のカミングアウトに関しては、「合理的配慮を必要としていれば、自分の障害をカミングアウトするはずだ。だから、カミングアウトしないということは、特に合理的配慮を必要としていないということだ」という誤解や曲解が存在している。しかし合理的配慮の必要性は、カミングアウトするかどうかを決定する際の一要素でしかない。カミングアウトするかどうかは、その他にも、その人が置かれている状況や立場、直面しているライフステージ上の変化、カミングアウトする相手に対する親密度や信頼度など、複数の要素に依存する [Olney & Brockelman 2003]。この文脈で最も多く語られてきたのが、社会の中に広く、かつ根強く存在しているスティグマをめぐる問題である。

一般的にスティグマとは、その人に対する信頼や敬意を失わせるような情報のことを指す。例えば、身体的な欠陥、個人の性格上の欠点、人種・民族・宗教など集団的なスティグマがその一例である [Goffman 1963=1970]。こうしたスティグマは、特定の社会関係において誰かを「ノーマルな人（常人）ではない」と他者化するために用いられる。このため、差別や排除につながる否定的な表象や誤った知識のことも、スティグマと呼ばれたりする。

障害のカミングアウトとスティグマの問題に関しては、西倉 [二〇一六] が、「行使される (enacted) スティグマ」と「感受される (felt) スティグマ」の二つに分け、議論を展開している。行使されるスティグマとは、障害者に対して向けられる否定的な反応やパターナリスティックな反応につながる表象・知識・見方のことである。例えば、障害者を劣った存在として描く表象や「障害者はいろいろなことができないので、常に手助けを必要としている」といった先入観にもとづいた知識はこれにあたる。こうした意味でのスティグマは、障害者に対する差別的・侮蔑的な態度や言動として表出することも多いため、行使されるスティグマと呼ばれる。

なお、行使されるスティグマは通常、障害者—非障害者間で生じるものとして、さらには後者が前者に対して向けるものとして想定されている。だが、実際には障害者間で生じることもある。例えば身体障害をもつ人が知的障害や精神障害、発達障害をもつ人に対して、あるいは輸血等でＨＩＶに感染した人が性的接触でＨＩＶに感染した人に対して、スティグマにもとづく差別的・侮蔑的な態度や言動を向ける場合などがありうる。

これに対し、感受されるスティグマは、行使されるスティグマが存在し続けている社会関係において、障害者自身が自らの障害や身体性に対し身につけてしまった否定的な見方や評価のことを指す。自らの障害や身体性に向けられているスティグマの「内面化」といってもよいだろう。例えば、障害者の中には、自分が実際に差別された経験がなかったとしても、「障害のことを知られたら、差別されるのではないか」という恐怖心をもっている人が少なくない。

だが、障害者によって感受されるスティグマは、差別的な取り扱いに対する恐怖心だけではない。障害の種類によっては、「知られたら、相手が否定的なまなざしを向けるようになるのではないか」「これまでの人間関係が一変してしまうのではないか」という不安や心配を抱く人もいる。例えば、精神障害をもつ人たちの中には「障害のことを知られたら『危険な人』だと思われて、周りの人たちに避けられてしまうのではないか」と心配する人も多い[Price et al. 2017]。

「カミングアウトをしたら差別されるのではないか」という恐怖心や不安や心配は、性的マイノリティのカミングアウトにおいても生じるものである。だが、障害者の場合、これらに加え、「能力がない人、頼りにならない人とみなされるのではないか」「周りからの監視や介入が強まるのではないか」といった不安・心配も加わることが指摘されている[Corrigan & Matthews 2003; Boyce et al. 2008]。例えば、読み書き障害のある学生は「自分のニーズを表明したら、能力が低いと思われるかもしれない」という理由で、癌や慢性疾患をもつ労働者は「治療を受けていることが知られたら、余計な気をつかわれて、大事な仕事が任されなくなるかもしれない」という理由で、精神障害をもつ労働者は「自分にとってはささいな症状の変化に上司や産業医が過剰に反応し、介入が強まるかもしれないから」という理由で、ニーズ表明をためらったり、障害をカミングアウトしなかったりすることがある。その他、障害が知られることで、それ以外の属性やアイデンティティが知られてしまうのではないかという心配を抱えている人もいる。例えば、「ＨＩＶ感染者であることが知られたら、自分がゲイであることも同時に知られてしまうのではないか」という心配はその一例である[Irvine 2011]。

このように、感受されるスティグマにより「自分の障害について知られたくない」と強く感じている場合、カミングアウトを伴うニーズ表明はより一層困難になると考えられる。この意味で、スティグマ（行使されるものであれ、感受されるものであれ）は、合理的配慮を得るために必要とされている対話の入り口に立つことを難しくしている社会的障壁として捉えられるべきである。したがって、合理的配慮を通して障害者が直面している社会活動上の障壁を除去するためには、まず、障害に対して社会の中に広く存在し、かつ障害者自身も内面化してしまっているスティグマを取り除いていく必要があるということになる。そのための方法については次節（第4節）で触れることにする。

だが、障害に対するスティグマがなくなれば、カミングアウトをめぐる困難がすっかり消え去ってしまうのかというと、必ずしもそうではない。むしろ、特定の他者に向けてカミングアウトをしたことによって、新たな困難が生じることもある。それは、カミングアウトしても相手に「障害がある」と信じてもらえないという経験であり、とりわけ「見えない」障害をもつ人たちにジレンマや負担をもたらしている。次項ではそうした困難の原因を、ニーズ表明の受け手側（配慮提供者側）にある「疑いのまなざし」に見出し、その正体を明らかにしたい。

（2）「障害がある」ことに対する疑いのまなざし

改めて確認しておくと、ニーズの表明は（1）インペアメント（機能障害）のある者が、（2）インペアメントとの関連で直面している社会活動上の困難、もしくは（3）その困難を軽減・解消するために必要な調整・変更を表明した際に成立する。差別解消法及び雇用促進法では、障害者からこれら三つの要素のうちいずれかがなされた時点で、配慮提供者は障害者との対話を開始し、合理的配慮の内容を特定することが求められている。したがって、障害の種別にかかわらず、合理的配慮を得るための対話の入り口に立つためには、何らかの形でのニーズ表明が前提されている。

しかし、「見えない」障害をもつ人の場合、インペアメントがあること自体を信じてもらえない場合が多いという特徴をもつ。例えば、車いすユーザを目の前にして「本当に障害があるのだろうか。本当は歩けるのに、大げさにふるまっているだけではないか」と疑う人は少ない。これに対して、発達障害のある人を前にして「本当に障害があるのだろうか。障害を言い訳にしているだけではないか」という疑いのまなざしを向ける人は意外と多い。

もちろん、こうした疑いのまなざしは、性的マイノリティのカミングアウトに対しても向けられてきたものであり、また、不特定多数のカミングアウトにおいても生じてきたものではある。しかし、それがもたらす影響の内容や大きさは、文脈によって大きく異なる。無知にもとづく無害な誤解や勘違いで済む場合もあれば、重大な人権侵害や差別構造の温存につながることもある。合理的配慮を求める文脈で「見えない」障害をもつ人が行うカミングアウトの場合、後者のケースが懸念される。なぜなら、インペアメントの有無に対して疑いのまなざしが向けられてしまうと、インペアメントとの関連で生じている困難も、その困難を取り除くための合理的配慮の必要性も同時に疑われてしまうからだ。その結果、カミングアウトした人は不利な状態のまま放置され、その人が経験している不平等な状態も不問に付されたり、正当化されたりしてしまう。

なぜ「見えない」障害をもつ人は、インペアメントに対する疑いのまなざしを向けられやすいのだろうか。その理由を探る際、手掛かりになるのが、以下で紹介するメーガン・ジョーンズの事例である。

ジョーンズは博士課程に在籍する、弱視難聴の女性である。ふだん介助者を同伴せず、大体のことは一人でやっているせいか、周りからはよく「障害があるようには見えない」と言われる。以前、大学に対し、自分の調査やクラス内でのディスカッションを補助してくれるアシスタントをつけてほしいと要望した時も、「障害があるようには見えない」という理由で断られたことがある。ある日、彼女はショナという名前の聴導犬を手に入れた。ショナはシェパード犬そっくりだが、体重が一五ポンド

（約六・八キロ）しかない。公共の場に行くときは、黒い文字ではっきりと「耳の聞こえない人のための聴導犬（Hearing Dog for the Deaf）」と書かれたオレンジ色のケープを着けている。ショナを連れて歩き始めると街の人たちから、一方では「まあ、なんて小さくて可愛らしい盲導犬でしょう。訓練中ですか？」と、他方では「この犬は盲導犬ではないから、建物から出て行ってほしい」などと、しょっちゅう言われるようになった。うるさく言われることに嫌気がさしたジョーンズは、ショナと出かけるときには、これまで夜に出歩くとき以外は必要としていなかった白杖を持つことにした。すると、街の人たちの反応ががらりと変わった。ジョーンズを見かけると、人々はすぐに「白杖を持ち盲導犬を連れた視覚障害者緊急非常モード」に切り替わるようになったのだ［Jones 1997］。

この事例は、障害の有無を判断するときに私たちが無意識的に依拠している認識枠組みについて示唆を与えてくれる。「障害があるように見えない」というフレーズが端的に示しているように、私たちの多くは「障害があるかないかは、見た目でわかるはずだ」とどこかで思い込んでいる。つまり、特定の障害と特定の、しかも可視的な印を対応させることで、障害の有無を判断しているのである。例えば、私たちが誰かを視覚障害者として判断するのは、単にその人が「白杖」を持って歩いているからだったりする。こうした認識枠組み自体を差別的だとか否定すべきだと断定することは難しい。だが、それが疑う余地のないものとして前提されている場合、「白杖を持って歩いていないので、あの人は『本物の』視覚障害者ではない」といった誤解や思い込みが強化されやすい。ジョーンズが、制度的には視覚障害者であるにもかかわらず、白杖を使用していなかった時期に、周りからは「障害がない」とみなされていたように。

このように、インペアメントに対して疑いのまなざしが生じる一因は、特定の障害と特定の可視的な印との間に固定的な対応関係を見出す認識枠組みにある。「見えない障害」、別言すれば、人々が障害の有無を判断するために必要としている可視的な印がない障害の場合、たとえ本人が「障害がある」とカミングアウトをしたとしても、人々は、そのようにして与えられた言語的な情報と、自分が相手の「見た目」から得ている可視的な情報との間に不一致を感じてしまう。そうした不一致を、人々は自分の認識枠組みを修正する方向ではなく、カミングアウトをした人に疑いのまなざしを向ける方向で解消しようとするのだ。

また、先の事例は、私たちが障害の有無を判断する際に手掛かりにしている可視的な印が、非常に限定的であることも教えてくれる。ジョーンズが聴導犬のショナを連れて街を歩くようになったとき、ショナが聴導犬のマークを着けているにもかかわらず、街の人たちはジョーンズのことを「盲導犬を訓練している人」として、あるいは「偽物の『盲導犬』を連れている人」として認識していた。どちらの反応においても、ジョーンズが「聴導犬」によるサポートを必要としているという事実が見落とされてしまったのである。

このことは、可視的な印（この場合は「聴導犬」）が物理的に存在していたとしても、それが障害に対応した印として認識されるかどうかは、見ている側に依存することを示唆している。つまり、障害の有無の判断は、単純に可視的な印の有無に依存しているのではなく、そうした印に関する人々の知識や理解可能性に大きく依存しているのだ。このことを踏まえると、「見えない障害」とは、その人の障害が隠れた状態にあるというよりは、障害の有無を判断する側にとって理解可能な印がない状態にあることを指すのだといえる。

こうした印がないからこそ、「見えない」障害をもつ人が自らの障害を他者にとって理解可能なものにするためには、言語的な説明に頼るしかない。さまざまなアプローチを駆使してカミングアウトをし続けるしかない。しかし、障害の有無を判断する側がもっている「障害があるかないかは、見た目でわかるはずだ」という思い込み、すなわち障害と可視的な印との間に固定的な対応関係を見出そうとする認識枠組みが強固であればあるほど、人々は自分にとって理解可能な可視的な印を求めてしまう。その結果、「見えない」障害をもつ人がどれだけ言葉を重ねて自分の障害について説明したところで、受け手の側には信じてもらえず、「本当に障害者なのか？」という疑いのまなざしが向けられる［Wendell 1996; Gage 1999］。こうした経験が繰り返された結果、カミングアウトを伴うニーズ表明自体を諦めてしまう障害者も少なくない。

障害の有無を判断する側が目で見て理解できる印がないため、言語的に説明するしかない。それにもかかわらず、言語的な説明だけでは信じてもらえず、目で見て判断できる印を求められる。「見えない」障害とは、こうしたジレンマを経験しやすい社会的位置のことである。これまで、性的マイノリティのコミュニティや運動において、カミングアウトは、外側から「見えない」もの（例えば、その人の性的指向や性自認）を、言語実践を通して他者に「見える」ようにする機能をもつものとして理解されてきた。だが、そのようにうまく機能するかどうかは、障害や性的指向、性自認をめぐり、その時代のその社会においてどのような認識枠組みが広く流通しているのかに大きく依存している。「見えない」障害をもつ人が経験するカミングアウトの困難を経由すると、そのことがよく見えてくる。

この指摘は、これまで「性的マイノリティのカミングアウト」と一括りにして論じられてきた内容に対しても再考を促す。なぜなら、性的マイノリティの中に含まれる多様なアイデンティティ・カテゴリーの間には、社会の中にどのような認識枠組みが広く流通しているかという点で、大きな違いが存在しているはずだからである。例えば、性的指向について論じられる際に依拠される認識枠組みと性自認について論じられる際のそれとでは大きく異なっている。また、同じ性的指向であっても、その人のカミングアウト経験は、その人のジェンダーや人種／エスニシティ、国籍等によっても変わってくる。カミングアウトにおいて異なる経験が生じていたにもかかわらず、性的マイノリティのカミングアウトはすべて「似たような」経験だという前提が、運動、コミュニティ、研究の中に存在していなかっただろうか。その際、誰のどのようなカミングアウト経験が「標準的」で「典型的」なものとされる一方で、誰のどのようなカミングアウト経験が捨象されてきたのかという問いも含め、今後、見直される必要がある。

4 困難を解消するための方法とその問題

前節では、「見えない」障害をもつ人のカミングアウトを困難にしている要因として、スティグマと障害の有無の判断にあたって人々が依拠している認識枠組みの二つを指摘した。「見えない」障害をもつ人たちが合理的配慮につながる対話の入り口に立てるようになるためには、カミングアウトをめぐるこうした問題を社会的障壁として認識し、それらを取り除いていく必要がある。そのためには、どのような取り組みが必要だとされており、そこにどのような問題があるのだろうか。本節ではこれらの点について考えてみたい。

まず、第3節（1）で取り上げたスティグマに関しては、それを取り除く方法として、障害者個人に働きかけるアプローチと社会の側に働きかけるアプローチの二つがすでに存在している。前者は、感受されるスティグマに焦点をあて、障害者が自らの障害の経験を肯定的に価値づけ、その有用性を認識することで、スティグマを軽減・解消していこうというものである(7)。障害者のエンパワメントを重視するさまざまな活動や運動もこちらに含まれる。こうしたアプローチは個々の障害者の対処戦略・生存戦略としては重要なものである。しかし、すでに不利益を被っている個人にさらなるコストを支払わせている面もあり、注意が必要だ。

他方、後者のアプローチの典型例が差別禁止アプローチである。ここでいう差別禁止アプローチとは差別解消法や雇用促進法に明記されている「障害に基づく差別」の禁止に関連する一連の取り組みのことで、事業者・事業主に対する差別禁止義務の明確化や、そうした義務の履行を徹底していくための教育・啓発活動が含まれる。加えて、障害に対する偏見(否定的な表象や先入観)の軽減を目的とした教育・啓発(8)もここに含まれる。

こうした差別禁止アプローチについては、行使されるスティグマは軽減・解消できても感受されるスティグマの軽減・解消は難しいのではないかという見解もある[西倉 二〇一六：一六八]。確かに、感受されるスティグマの一例として紹介した「障害のことを知られたら、差別されるのではないか」という恐怖心は、学校への入学や労働者の採用・昇進をめぐり、特定の障害を理由とした排除や異なる取り扱いが慣習的になされてきた歴史的・社会的事実があるため、差別を禁止する法律ができても拭い去りがたいものとして残されるだろう。こうした意味でのスティグマは、たとえ障害を理由とする差別が禁止されたからといって、あるいは障害者に対するさまざまな偏見が社会問題化されるようになったからといって、すぐさまなくなるものではない。

だが、感受されるスティグマは、社会的文脈と無関係に存在しているわけではない。むしろそれは、行使されるスティグマが存在し続ける限り、再生産・強化されていくものである。この点をふまえると、差別禁止アプローチ等を通して行使されるスティグマの実行に歯止めをかけることなしに、感受されるスティグマを繰り返し生み出す社会的文脈を変更することは難しい。この意味で、差別禁止アプローチ、より正確にはそうしたアプローチにもとづいて行われるこれまでとは異なる（あるいは、いまとは別の）社会的事実を積み重ねていくことは、感受されるスティグマの軽減・解消にとっても重要なはずだ。

それでは、第3節（2）で取り上げたような社会的障壁に関してはどうだろうか。最も頻繁に取られているのは、障害者の側が多くの人々に理解可能な印を身に着けるという対処方法である。ジョーンズが、本当は必要としていない白杖を持って出掛けるようにしたのも、そうした方法の一つとして理解できる。同様に「ヘルプマーク」も、白杖と比べれば特定の障害との対応関係が固定的ではないが、障害の有無を判断する側に理解可能な印の一つとして機能し始めている。また、先に記した差別禁止アプローチのうち、障害に対する偏見（否定的な表象や先入観）の軽減を目的とした教育・啓発活動も部分的には有効だろう。例えば、障害に関する無知を解消し、「正しい知識」さえ身につければ、「聴導犬です」というケープを着用した補助犬を盲導犬と認識することはなくなり、聴導犬ユーザの障害がより適切な形で認識されるようになるはずだ。

しかし、こうした対処方法では、インペアメントに対する疑いのまなざしを個別に回避することはできても、そもそもの社会的障壁、すなわち、自分にとって理解可能な可視的な印にもとづいて障害の有無を判断してしまうという認識枠組みに変化をもたらすことはできない。むしろ、すべての障害を「見える化」しようとすればするほど、そうした認識枠組みは手付かずのまま、「障害者は特殊な人たちである（だから、見た目でわかるはずだ）」という見方が再生産・強化されてしまう。その場合、人々の障害者イメージに沿った見た目、ふるまい、行動、さらには生き方をしていなければ、障害者としては認識されず、結果、合理的配慮を得ることができなくなってしまう。

過去数十年にわたって実践されてきた性的マイノリティによるカミングアウトは、ジェンダーやセクシュアリティが、私たちの思いもしなかったような多様性を持ちうることを教えてくれた。また、カミングアウトの実践の蓄積により、ジェンダー・セクシュアリティに関する差異は視覚的に判断・区別できるものではないからこそ、本人が言語的に提示したものをまずは信じるべきという倫理観が、少なくとも性的マイノリティのコミュニティ内においては醸成されてきた。これに対し、本章で明らかにしてきたのは、障害のカミングアウトにおいては、言語的に提示されたものより、視覚的に判断できるものが信じられてきた傾向が強いということである。この傾向は、とりわけ、合理的配慮の提供にかかるコストをなるべく抑制しようという動機が働きやすい場面においてより顕著となる。

同時に指摘しておきたいのは、これと似たような傾向が、例えばトランスジェンダーの人の「見た目」のみを取り上げ、「男性／女性に見えるか／見えないか」を執拗に問題化しようとする議論においても見られる点である。このことは、私たちの社会において、障害同様、人のジェンダーについても、視覚的な判断に依存するような認識枠組みが未だ強く存在していることを表している。だが、そうした認識枠組みにもとづいて、個々のジェンダーを一般的に理解可能な「男性」か「女性」のどちらかに振り分けようとすることは、特定の人たちの尊厳を貶め、社会活動への参加や生存さえも危うくする［小宮 二〇一九］。

この点に関連して、本章第3節（2）で紹介したジョーンズも、次のように述べている。

私が私の言った通り盲ろう者であるということが疑いの余地がないほど確実なことだとわかれば、多くの人は気持ちよく私と関わり、配慮を提供してくれる。（中略）かれらが私のことを理解できたように感じるために、私はかれらから完全にかけ離れた存在として自分を見せなければならないのだ［Jones 1997］。

ジョーンズが自らを周りの理解可能性に合わせて自己表象しなくても、彼女の存在が尊重され、社会活動に参加するために必要な社会的支援が得られるようになるためには何が必要だろうか。本章の議論を通して得られる一つの回答は、他者のカミングアウトに対して向けてしまった疑いのまなざしを、相手の存在を否定したり貶めたりするためにではなく、社会の中に広く浸透している認識枠組みを意識し、その問題性に気づくことである。その際、一見大きくかけ離れているように見える、障害をめぐる議論とジェンダーの多様性をめぐる議論は、新たな視点や観点を互いに与え合い、社会の中で当然視されてきたさまざまな認識枠組みの問い直しを迫っていくだろう。私たちはその過程において、障害やジェンダー等をめぐる現象をこれまでとは違う視点から眺め、その多様なありように触れ、人の身体状況に関する理解の形式を更新していくことになるのである。

註

（1）性的マイノリティのカミングアウトついては、数多くの先行研究がある。とりわけ、運動やコミュニティとの関係に焦点をあてた議論を展開しているものとしては、Engel［2001］、Blasius［1994］、Phelan［1992＝1995］がある。これら論者による議論は、飯野［二〇〇八］第1章でも整理されている。

（2）一般的な理解としては、「見えない」障害には、精神障害、発達障害、聴覚障害、難病を含む慢性疾患が含まれると理解されている。しかし、「見えない」障害の範囲を、障害種別を軸に確定することは実は適切ではなく、むしろ「どの障害種別が『見えない』障害に含まれるのか」といった問い自体に疑問が付されなければならない。本章第3節（2）の議論は、この点にも関連している。

（3）性的マイノリティの運動で、古くは一九七〇年代から行われてきた「プライド・パレード」は、こうした不特定多数に向けて集団で行うカミングアウトの一例である。

（4）サミュエルはパッシングを「意図的にパッシングすること（passing deliberately）」と「デフォルトでパッシングしてしまうこと（passing by default）」に分けて論じている［Samuels 2003: 240］。他者から勝手に「健常者」とみなされるという経験は、後者の「デフォルトでパッシングしてしまうこと」にあたる。

（5）「過重な負担」は、事業への影響の程度（事業の目的・内容・機能を損なうか否か）、実現可能性の程度（物理的・技術的制約、人的・体制上の制約）、費用・負担の程度、事業規模、財政状況等を総合的に勘案し、個別案件に即して、その都度判断されるものである。

（6）ここでいう配慮提供者とは、差別解消法においては行政機関と事業者のことを、雇用促進法においては事業主のことを指す。また、ここでいうニーズの表明にあたる用語として、差別解消法では「意思の表明」が、雇用促進法では「申出」が用いられている。

（7）実際、心理学領域では、感受されるスティグマとほぼ同義の概念である「セルフスティグマ」が、個人の特性や自己認識と強く結びついたものとして把握されている。このため、セルフスティグマを軽減させる要因についても、自己受容や自己効力感のあり方、その背景にある個人的な成功体験に着目した議論に終始しがちである。

（8）オーソドックスなものとしては、障害理解の促進、あるいは障害に対する「正しい」理解の促進がある。これは、障害に関する「正しい」知識を身につけることで、固定概念や先入観をなくしていこうというものである。典型的なものとしては「世界自閉症啓発デー」（四月二日）、「発達障害啓発週間」（四月二日〜八日）などの取り組みがあげられる。その他、二〇二〇年の東京オリンピック／パラリンピックに向けて政府主導で進められている「心のバリアフリー」も、こうしたアプローチの一つである。実際そこでは、「障害者＝

できない人」という思い込みが「心のバリア」の一つとして捉えられ、そうした思い込みをなくしていくことが推奨されている。

文献

Boyce, Melanie, Jenny Secker, Robyn Johnson, Mike Floyd, Bob Grove, Justine Schneider, and Jan Slade [2008] 'Mental Health Service Users' Experiences of Returning to Paid Employment', *Disability & Society*, 23 (1): 77-88.

Blasius, Mark [1994] *Gay and Lesbian Politics: Sexuality and the Emergence of a New Ethic*, Philadelphia: Temple University Press.

Corrigan, Patrick W., and Alicia. K. Matthews [2003] 'Stigma and Disclosure: Implications for Coming Out of the Closet', *Journal of Mental Health*, 12 (3): 235-248.

Engel, Stephen M. [2001] *The Unfinished Revolution: Social Movement Theory and the Gay and Lesbian Movement*, Cambridge: Cambridge University Press.

Gage, Carolyn [1999] 'Hidden Disability: A Coming Out Story', Brownworth, Victoria A. & Susan Raffo. *Restricted Access: Lesbians on Disability*, Seattle: Seal Press, pp. 201-211.

Garland-Thomson, Rosemarie [1997] *Extraordinary Bodies: Figuring Physical Disability in American Culture and Literature*, New York: Columbia University Press.

Goffman, Erving [1963] *Stigma: Notes on the Management of Spoiled Identity*, London: Penguin Books. = [一九七〇] 石黒毅訳『スティグマの社会学』せりか書房。

Irvine, Annie [2011] 'Something to Declare? The Disclosure of Common Mental Health Problems at Work', *Disability & Society*, 26 (2): 179-192.

Jones, Megan [1997] 'Gee, Gee, You Don't Look Handicapped...: Why I Use a White Cane to Tell

People That I' m Deaf' , *Electric Edge*, July–August. http://www.raggededgemagazine.com/archive/look.htm
Olney, Marjorie F. & Karin F. Brockeman［2003］'Out of the Disability Closet: Strategic use of perception management by select university students with disability' , *Disability & Society*, 18（1）: 35–50.
Penelope, Julia & Susan J. Wolfe eds［1989］The Original Coming Out Stories, 2nd edn, Freedo,: Crossing Press.
Phelan, Shane［1992］'（Be）coming Out: Lesbian Identity and Politics' , Signs: Journal of Women in Culture and Society, 18（4）: 769–790. =［一九九五］上野直子訳「（ビ）カミング・アウト――レズビアンであることとその戦略」富山太佳夫編『現代批評のプラクティス３ フェミニズム』研究社、二〇九―二六一。
Plummer, Ken［1995］*Telling Sexual Stories: Power, Change and Social Worlds*, London and New York: Routledge. =［一九九八］桜井厚・好井裕明・小林多寿子訳『セクシャル・ストーリーの時代――語りのポリティクス』新曜社。
Price, Margaret, Mark S. Salzer, Amber O' Shea, and Stephanie L. Kerschbaum［2017］'Disclosure of Mental Disability by College and University Faculty: The Negotiation of Accommodations, Supports, and Barriers,' Disability Studies Quarterly, 37(2). http://dsg-sds.org/article/view/5487/4653
Samuels, Ellen［2003］'My Body, My Closet: Invisible Disability and the Limits of Coming-Out Discourse,' *GLQ* 9: 1–2, pp. 233–255.
Swain, John & Colin Cameron［1999］'Unless Otherwise Stated: Discourses of Labelling and Identity in Coming Out,' in *Disability Discourse*, Mairian Corker & Sally French eds., Philadelphia: Open University Press, 68–78.
Wendell, Susan［1996］*The Rejected Body: Feminist Philosophical Reflections on Disability*, New York: Routledge.
飯野由里子［二〇〇八］『レズビアンである〈わたしたち〉のストーリー』生活書院。

――――［二〇二二］「社会的な問題としての『言えなさ』」飯野由里子・星加良司・西倉実季『「社会」を扱う新たなモード――「障害の社会モデル」の使い方』生活書院、一六三―一九七。

倉本智明［二〇〇二］「異形のパラドックス：青い芝・ドッグレッグス・劇団態変」石川准・長瀬修編『障害学への招待』明石書店、二一九―二五五。

小宮友根［二〇一九］「『女性専用スペース』とトランスフォビア」https://frroots.hatenablog.com/entry/2019/01/12/100233
砂川秀樹［二〇一八］『カミングアウト』毎日新書。

西倉実季［二〇一六］「合理的配慮をめぐるジレンマ――アクセスとプライバシーの間」川島聡他『合理的配慮――対話を開く　対話が拓く』有斐閣、一六三―一八〇。

Column

災害とジェンダー・セクシュアリティ

山下　梓

東日本大震災から一〇年以上が経過した。その後も、国内外で災害が続いている。災害はだれにでも起こり得る。しかし、国内外の災害での経験から、災害による影響は、性別、年齢、障害、人種、民族、言語、性的指向、ジェンダー・アイデンティティ、経済状況などにより異なることが分かってきている。

ジェンダー視点からみた災害時の課題として、性別による死亡率の相違、女性の家事やケア労働負担の増大、避難所におけるトイレ・更衣室・授乳スペースなど男女別施設の安全かつプライバシーに配慮した設置、仮設住宅において女性に比べ男性が孤立しがちになること、性暴力や親密なパートナーからの暴力への対応が手薄になること、世帯を単位とした支援の中で女性への経済的支援が届きづらいことなどが指摘されてきた。これらの困難の背景には、平時のジェンダー不平等や防災体制・災害支援に関する諸決定過程に参画する人のジェンダー不均衡がある。一九八〇年代に注目され始めた災害とジェンダーの関連性は、日本では一九九五年の阪神・淡路大震災をきっかけに認識が広がり、防災基本計画や国連世界防災会議での行動枠組、男女共同参画基本計画、災害現場で参照される防災・復興の取組指針や避難所運営マニュアルなどに反映されてきた。

以上のような方向性と方策は必要不可欠でいっそうの充実が求められると同時に、ジェンダー視点については、その範囲をより広くとらえ直していく必要がある。なぜか。日常生活に関わるさまざまな法律や制度、従来の災害とジェンダーをめぐる議論や政策の多くは、シスジェンダー（出生時に割り当てられた身体の性とジェンダー・アイデンティティやジェンダー表現が一致している状態）や異性愛の人々を前提としてきた。このため、シスジェンダーや異性愛以外の人々は、人道支援の国際的な最低基準として提唱されているスフィア基準が掲げる被災者の諸権利――①尊厳のある生活への権利、②人道援助を受ける権利、③保護と安全への権利、を享受しにくくされているからである。スフィア基準は、赤十字・赤新月社運動等が定めたもので、人道援助に関わる多くのＮＧＯが活用しているほか人道支援の連携・調整強化に関する国連総会決議にもとづき設立された国連機関間常設委員会が国連機関にも活用を求めている「人道憲章と人道支援に関する最低基準」のことである。人道支援を受ける権利を「尊厳ある生活への権利の不可欠な要素」として認識し、支援の提供においては、「いかなる人も年齢、ジェンダー、人種、肌の色、民族、性的指向、言語、宗教、障害、健康状態、政治やその他の見解、国籍や社会的出自などの背景によって差別されてはならない」という非差別原則を掲げている（傍線は筆者による）。二〇一一年版から一八年版に改訂された際には、「人道支援の各段階にて、性的マイノリティ（ＬＧＢＴＱＩ）の人々と支援組織との建設的な対話を常に行うべきである」と盛り込まれるなど、多様なジェンダー、性的指向の人々に関する記述が拡充された。

　トランスジェンダー（出生時に割り当てられた身体の性とは異なるジェンダー・アイデンティティやジェンダー表現で生きる人々）や非異性愛の人々の災害時の困難経験やニーズに関する国内外の記録や研究は多くはないものの、徐々に蓄積が進んでいる。次にいくつかの事例を紹介する。

- 東日本大震災で、トランスジェンダー女性（ジェンダー・アイデンティティやジェンダー表現は女性、出生時に割り当てられた身体の性は男性）は、避難所で男女共用トイレの使用を望んだものの男性として見られる周囲の目が気になり、男性用トイレを使わざるを得なかった。トイレの使用自体を控えた。

- 東日本大震災で、トランスジェンダー男性（ジェンダー・アイデンティティやジェンダー表現は男性、出生時に割り当てられた身体の性は女性）は、避難所で男性として扱われることもあったが、女性として声をかけられ「落ち込んだ」。
- 東日本大震災で、レズビアンの支援者は、ボランティア活動の中で別のボランティアからセクシュアルハラスメントを受けた際、ボランティア団体に被害について相談することを控えた（この支援者は、相談とセクシュアリティについて明らかにできることを関連付けていたが、ボランティア団体にカミングアウトしていなかったことから、相談できないと考えた。性的指向は個人の不可欠な一部であることから、相談サービスの利用にあたってセクシュアリティについて明らかにできることを重視する人もいる）。
- 中越地震で被災したトランスジェンダーの人は、パートナーと戸籍上は同性どうしであるために、仮設住宅入居や仮設住宅退去後の住まい探しに時間がかかった。
- スマトラ島沖地震（二〇〇四）で被災したアラバ ニ（インドでジェンダー・アイデンティティやジェンダー表現は女性、出生時に割り当てられた身体の性は男性の人を指す）は、ジェンダー・アイデンティティやジェンダー表現を理由に被災者名簿から除外され、救援物資の配給カードや支援物資、手当金を受け取れなかった。パキスタンでの洪水（二〇一一）、インドネシア・ムラピ山噴火（二〇一〇）、ネパールでの洪水（二〇〇八）でも同様の事例が記録されている。
- フィリピン台風（二〇〇九）では、特に農村部において、被災住宅からの泥出しや給水、薪集めなどの重労働がバクラ（フィリピンでジェンダー・アイデンティティやジェンダー表現は女性、出生時に割り当てられた身体の性は男性の人を指す）に課された。

・ハリケーン・カトリーナ(二〇〇五)では、性別適合手術をしていないトランスジェンダー女性が避難所の女性用シャワーを利用し逮捕された。

・ハリケーン・カトリーナでは、見舞金や災害弔慰金などの経済的支援が世帯を対象としたことから、同性パートナーやその子どもたちはこれらの支援を受けられなかった(当時は、アメリカ全土で同性婚が合法化される以前)。

災害時の支援制度がトランスジェンダーや非異性愛、多様な家族や暮らしのあり方の人々をも前提としたものであったら、以上の事例のいくつかは避けられた可能性がある。また、ハリケーン・カトリーナでの経済的援助の例では、平時の法的な家族の定義が同性パートナーやその家族を含むものになっていれば起こらなかったであろう。スフィア基準が掲げる被災者の権利は、現状では、一部の被災者が享受できるものであって、トランスジェンダーや非異性愛、多様な家族や暮らしのあり方の人々にとっては実質的に保障されているとはいえない。

制度の拡充と併せて、災害後に用意される救援物資、住宅、心のケアを含む医療支援、性暴力相談や心の相談などの具体支援サービスの提供について、トランスジェンダーや非異性愛、多様な家族や暮らしのあり方の人も利用できるという明示的なメッセージと支援者の適切な対応スキルが欠かせない。支援者から「セクシュアルマイノリティの方には、支援が必要と申し出てもらえれば対応します」と聞くが、「申し出てもらえれば」は、セクシュアリティについてカミングアウトを求めることを意味する。平時であっても、カミングアウトをしてこれまでと変わらない人間関係や生活が保証されるとは思えない状況の中で、災害時にはいっそう困難な行為だ。当事者が不安なくアクセスできる制度、情報発信の仕方、知識とスキルある支援者を支援者側が率先して整えなければならない。そうすることで初めて、トランスジェンダーや非異性愛などの被災者が声をあげられるようになってくる。

災害時の個人の困難経験の軽減は、社会全体としての災害による影響の抑制につながり、災害からの復興を早めることが指摘されている。より広くとらえ直されたジェンダー視点にもとづく災害対策・支援は、気候変動も影響して災害頻度の増加が見通される中にあって、被災者個人の権利保障と、社会全体のリスク削減・レジリエンス・持続可能性につながるはずだ。

本稿を作成するにあたり、岡田実穂さんからご助言をいただきました。ここに感謝の意を表します。

参考文献

内田有美［二〇一五］『東日本大震災におけるセクシュアルマイノリティ当事者の被災状況およびニーズ・課題に関する調査報告書』。

梅宮れいか［二〇一二］「性同一性障害の災害弱者としての側面――避難所における問題とその解決について」、『福島学院大学研究紀要 vol.44』一―七、福島学院大学。

竹信三恵子・赤石千衣子［二〇一二］『災害支援に女性の視点を！』岩波書店。

内閣府男女共同参画局［二〇二〇］『災害対応力を強化する女性の視点～男女共同参画の視点からの防災・復興ガイドライン～』。

東日本大震災女性支援ネットワーク研修プロジェクト担当［二〇一三］『男女共同参画の視点で実践する災害対策　テキスト　災害とジェンダー〈基礎編〉』東日本大震災女性支援ネットワーク。

安田信介［二〇一六］「震災契機　性的少数者の輪　避難所生活 困難に直面」、『読売新聞』二〇一六年一一月一六日付、岩手一三版。

Sphere Association [2018]『スフィアハンドブック――人道憲章と人道支援に関する最低基準 2018年発行 第4版』。
Rumbach, J. and Night, K. [2014] "Sexual and Gender Minorities in Humanitarian Emergencies", Issues of Gender and Sexual Orientation in Humanitarian Emergencies: Risks and Risk Reduction (Humanitarian Solutions in the 21st Century), 1217-2556.
World Health Organization [2005] "Violence and disasters."

第五章

「残酷児」

台湾における障害のある性的少数者の実践

欧陽珊珊

はじめに

クィア・スタディーズとディスアビリティー・スタディーズの分野において、障害のある性的少数者[1]が抱える困難や差別経験に関する議論は非常に少ない。ただし、欧米では九〇年代から調査が行われている。例えば、イギリスの障害学者であるトム・シェイクスピア（Tom Shakespeare）は、性的少数者[2]である障害者のインタビューから、当事者たちは少なくとも障害者差別と性差別という複数の差別（multiple discriminations）を受けていることを明らかにした（Shakespeare et al. 1996）。また、障害とセクシュアリティの交差性を論じたレビュー論文［Martino 2017］では、"LGBTI people with disabilities"または"Disabled Queer"は「マイノリティのなかのマイノリティ（minority within minority）」、「ダブル・マイノリティ（double minority）」として、「積み重なるスティグマ（layered stigma）」を経験すること、別の研究レポートでは、かれらが孤立、疎外、抑圧を経験し、親密な関係や社会的関係を築くことが難しい状況にあることが指摘されている［Leonard and Mann 2018］。加えて、障害のある性的少数者はコミュニティへの参加も困難である。一般的に性的少数者のコミュニティは、能力主義、身体的健常性（able-bodiedness）の規範を強調する場合が多い。一方、障害者コミュニティや障害者運動では、性の問題を矮小化する傾向があり、また、既存の性規範や異性愛規範が強く働いている。[3] そのため、障害のある性的少数者は、性的少数者のコミュニティ（とりわけゲイやレズビアンコミュニティ）[4] においても、障害者コミュニティにおいても疎外されている。帰属できる場所がなく、自分のニーズや期待に合致するコミュニティを欠いている状態にあると指摘されている［eg. Corbett 1994; Shakespeare et al. 1996; Shakespeare 1999; Duke 2011］。

これまで障害のある性的少数者に関する研究や調査は、欧米を中心になされてきた。一方、アジア地域でも、障害のある性的少数者のコミュニティやアクティヴィストの活躍が見られるようになってきている。例えば、日本にはろう者ＬＧＢＴＱの団体「Deaf-LGBTQ-Center」[5] があり、東南アジアのろう者ＬＧＢＴＱ団体とも繋がっている。中国大陸では「Pink Space Sexuality Research Centre」が二〇〇七年に設立され、セックスワーカーやＨＩＶに感染した女性、障害者など、社会的に周縁化された人々の性的な権利を保障することを目指して活動している［He 2019］。ネパールでは二つのオンライングループ「Nepalese Queer with Disabilities」[6]（Facebook）と「Queer_Disabilities_Nepal」[7]（Instagram）があり、ＳＮＳを通じて当事者同士が交流することのできる空間を提供している。インドでは、障害者が参加しやすい環境を作り出すことをテーマにしたプライド・パレードが二〇一六年に開催されている。また、インドでは *Revival Disability Magazine* [8] というデジタルの雑誌も障害者の性的指向とジェンダー・アイデンティティ（sexual orientation and gender identity, 以下ＳＯＧＩ）に関する問題を中心に取り上げ、当事者自ら発信している。そして、アジア初となる同性婚の法制化が実現した台湾では、社会運動のなかで、障害のある性的少数者たちが自らを「残酷児《ザンクアル》」と呼び、声を上げる姿が見られる。

もっとも、障害種別およびSOGIの違い等により、障害のある性的少数者でも個々の経験は大きく異なる。そうした個々の経験が異なるかれらは、それら多様な経験をいかに共有し、どこに自分たちの居場所を見出し、マイノリティ運動への参加や他集団との連帯を可能にしているのだろうか。その答えは、当事者コミュニティやアクティヴィストの実践の中に見出すことができる。そこで本章では、筆者がこれまで行った台湾の「残酷児」に関する調査[9]からその一例を紹介し、障害のある性的少数者であるアクティヴィストが性的マイノリティ運動に参加する経緯、コミュニティの形成について明らかにすることで、クィアと障害の交差による経験の多様性と運動実践の可能性を検討したい。

1 不可視化された障害のある性的少数者

アジアにおいては近年、台湾が性的少数者の権利擁護が最も進んでいると言われ［Martel 2013＝2016］、性的少数者に関する法制度化が進められている。[10] 台湾では九〇年代から「同志（Tongzhi）」という言葉が、同性愛者、ひいては性的少数者のことを表す用語として定着している。[11]「同志運動」[12]と呼ばれる性的マイノリティ運動が社会に強い影響を与え、法制度の実現などに結びついている日常生活の中で「同志」に対するSOGIを理由とする差別が依然として存在している。

二〇一二年に実施された性的少数者のストレス調査[13]によれば［簡 二〇一二］、二七八五件の回答のうち、回答者の五八%は「同志」であることで、他者から言葉による差別（九一%）、排除（五四%）、身体的暴力（一四%）、性暴力（三%）を受けた経験があると回答している。また、回答者が常に抱える不安や悩みなどストレスを引き起こす原因として、「家族の理解を得られないことへの心配」（七九%）、「社会的な婚姻に対する期待」（六八%）、「マスメディア（ドラマ、バラエティ番組、有名人など）によるアンフレンドリーな表現」（五七%）、「性別気質の規範」（性別気質とは「男らしさ」や「女らしさ」のこと）（四九%）が挙げられていた。

台湾の性的マイノリティ運動は、およそ三〇年間にわたるほど長い闘いを続けている。その結果として、文化、教育、労働、政策などさまざまな分野のなかにSOGI平等の議論が取り入れられるようになり、性の多様性を求める社会の形成を促した。例えば、二〇二〇年に「台湾同志諮詢ホットライン協会」（以下「同志ホットライン」）と「婚姻平権大平台」（結婚の平等を呼びかける会）が実施した「台湾同志（LGBTQ+）の職場現状（労働環境）調査」の結果からは、前回の二〇一六年調査の結果と比べて、職場で異性愛者のふりしていることが減り、「同志」に対する肯定的な議論が増えた。当事者たちも自分を「同志」としてアイデンティファイしやすくなったこと、「同志」であることを肯定的に捉えるようになったことがわかる。

だが、社会問題の分析や政策制度の検討においてセクシュアリティがテーマ化される際、「労働」や「教育」との関連性が言及される一方、「障害」との関連性はしばしば省略され、障害者問題とみなされるのが一般的である。また、障害者に関する議論においてSOGIの視点が取り入れられているとは未だ言えない状況にある。例えば、二〇〇七年に修正された「身心障礙者権益保障法（障害者権利保護法）」においては、異性婚と生殖のニーズに対しては必要な支援の提供が検討されている［梁 二〇一五］。

しかし、(法)政策レベルでは性的ニーズへの具体的な対応や、性的指向、ジェンダー・アイデンティティにかかわる内容は言及されていない。このことは、性の権利が人権として理解されるようになってきているが、その理解が依然として異性愛的な枠組みの範囲内に留まっていることを示している。前述した台湾同志ストレスの調査を参照すると、障害者もSOGI差別を受けていると想像できる。それにもかかわらず、障害のある性的少数者は、既存の権利保障が論じられる構造のなかで、制度の上でも社会的議論の上でも不可視化されている。しかし、見えないことは存在しないことではない。前述した「残酷児」と自称する人々の経験やコミュニティはその一例である。

2 「残酷児」とは何か?

中国語圏では、「残」は完全なものに傷をつけるという意味で障害を表す。「残酷」は悲惨、むごいことを表す。「酷」は厳しい、または英語のクール、カッコイイという意味であることから、台湾では「酷児」(14)がQueer(クィア)の翻訳語として用いられてきた[欧陽 二〇二一:六二]。これらの四つの意味を踏まえて、肢体障害者であり男性同性愛を自認するアクティヴィストでもあるヴィンセント(Vincent Huang)により考え出された言葉が「残酷児」である。筆者のインタビュー(15)によると、二〇〇八年頃から用いるようになったという(16)。「残酷児」を用いるようになった背景には、障害者として、同性愛者として、そして障害のある性的少数者としてヴィンセント自身が受けてきた差別経験がある。したがって、この言葉には、自らが体験した「残酷」な差別を、既存の規範を批判する武器にするという積極的な意味も込められている。ヴィンセントが「残酷児」という言葉を生み出した経緯とはどのようなものだったのか、具体的に見てみよう。

(1)「残」と「残酷」——障害者として受けた差別とスティグマ

ヴィンセントは、一九六〇年代にラオスの裕福な華人家庭の長男として生まれた。幼少期の歩き始めた直後にポリオに罹患し、左手は右手より動きにくくなり、また下肢の機能をほとんど喪失した。「残」と言われる外見的に判別可能な肢体障害をもつことで、ヴィンセントは「残酷」な状況に直面していた。例えば小さい頃、障害を治すために、妊娠中の母親がヴィンセントをおんぶして、メコン川を丸木舟で渡って危険な山を登り、シャーマンに見せにいったことがあった。その途中で、同じ病気をもつ他の子どもが目の前で亡くなるなど、死の恐怖に直面した経験がある。一九七五年に家族と一緒に台湾に移住した後、小学五年生から中学三年生までの五年間を障害者施設で過ごした際には、自分でできることは自分でやってみるという信念を常に頭の中に置いていたが、「できる」にもかかわらず、肢体障害をもつという理由だけで差別されたことは、非常に辛かったという。例えば、下肢の変形を矯正する装具と松葉杖を装着して街を歩いていた時に、知らないお婆さんに唾を吐かれ、罵声を浴びせられたことがあった。悲しみのあまり、海に入水して自殺しようとしたが失敗し、この後、「健常者」のように生きることを目指すようになった[17]。この時期の経験についてヴィンセントはこう語った。

社会に出て、もっと明るく、「非障害者」のような生活をしようと思った。私が障害者を見ないようにすれば、私にとって世の中の障害者は存在しなくなるから、気持ちが明るくなる。そして、私は鏡も見ないようにする。鏡を見ちゃうと、自分の残念な身体が映ってしまうので……高校を卒業して仕事を探し、直立者[18]のような仕事をする、生活する、恋愛することで頑張ってきた……しかし、ずっと自分のなかでいつも二人の〝私〟がいると感じた。ひとりの私は明るくて自立している。もうひとりの私は暗くて自分を卑下している。他人に見せるのが明るく「できる」私のほう。マイナスな自分を他人に見せないように隠した。このような分裂している二人の〝私〟が、どうやって一人になればいいのかがわからなかった。

ヴィンセントの経験は、「残」や「残酷」に二重の意味があることを示している。一つは、身体に障害があることで生活上の困難や差別を受けることである。これは健常者中心の社会の中に障害者に対する偏見、差別意識、スティグマ化が根強く存在するからである。健常者優位の社会規範によって「いろいろなことができない人」という無能者のスティグマを付与されたヴィンセントは、スティグマを内面化し、自分自身に対する非難や罪悪感に苦しむことになった。健常者中心主義的で能力主義的な社会規範と自分自身からの「陽光向上（明るく前向き）、残而不廢（障害を抱えても能力がある）」という信念で自縄自縛となったヴィンセントは、「二つの〝私〟」に分裂し、アイデンティティが極めて不安定な状態になった。つまり、無理をしてアイデンティティを確立しようとした結果、かえって定まりづらくなったのである。

（2）「酷」と「酷児」——クィアとしての経験を可視化

ヴィンセントの経験において、障害の問題にセクシュアリティの問題が加わると、「酷」の程度が一般的なものよりはるかに激しく厳しくなることについては、別稿で論じた[19]。ヴィンセントの事例から明らかになったのは、身体障害者が自らのセクシュアリティを自覚するまでに複数に重なり合う障壁があり、性的行為の主体になるうえで多くの困難が存在することである。ヴィンセントは「異性愛の障害者になる」という社会的な強制に応じて、女性と付き合う経験をした。そこから自分の性的指向を自覚するようになった。しかしその後、障害をもつ身体への否定感を見つめ直し、男性同性愛者としての欲望を肯定したうえ、性的抑圧を解放しようとすると、「物理的バリア」と「文化的バリア」に直面した。具体的にはハッテン場であるサウナや新公園[20]などのゲイのコミュニティから周縁化され、排除されることもあった［欧陽 二〇二一：五一―五七］。このような経験は社会運動への参加につながった。ヴィンセントは自身がＤＪをしていた『真情酷兒』（偽りのないクィア）というラジオ番組で、同性愛者であることと障害者であることの交差する経験や、「酷児文化」（クィアカルチャー、クィア理論、台湾同志運動など）をリスナーに伝えるようになった。

（3）「残酷児」の命名

二〇〇七年、ヴィンセントはアメリカで障害学研究をする易君珊氏（ヴィンセントは易君珊氏のことを〝33〟と呼ぶので、以下33さんと記す）という手に障害がある研究者と出会い、一緒に障害者団体の活動や、社会運動に参加するようになった［欧陽 二〇二一：五七―五九］。これを契機に、二〇〇八年、ヴィンセントは第六回台湾同志遊行（ＬＧＢＴプライド）[21]で、障害者の友人と一緒に「残酷児」と書かれたフラッグを持ち、レインボーカラーの車いすで参加し、講演を行った。これは台湾で初めて、障害のある性的少数者が、自らの性的指向をカミングアウトした事例である。なぜ「残酷児」という言葉を使ったのかについてヴィンセントはこう答えた。

「自立」（自立する）「自強」（強くなる）「向上」（前向き）という言葉も案として考えたが、やっぱり気に入らなかった。逃げるような気持ちが感じられるから。障害のある身体を認められるまで私は二九年間もかかったから、この長い時間の辛さと無駄をもう一回体験したくない。なので、障害と同性愛を同時に有するダブルマイノリティの大変さに堂々と直面したい。

私はネガティブな視点からものを見るのが上手なのかもしれない。「残酷」という言葉にすごくネガティブな印象があるけど、そのネガティヴィティを反転させることも期待できる。私にとってはこのような展開が力をもらえるものだ。「残酷児」という名前を直立者の同志友人に教えたとき、友人はこう言った。「こんな名前を使わないでくれ。痛みを感じるよ！痛いよ！」その理由を尋ねると、友人は「残と酷なんて可哀想だと思わないの？」と答えた。しかし、私はそれがとてもかっこいいと思う。「残酷児」は他のコミュニティが誰も使いたくない言葉で、わたしたち以外は誰も使えない言葉だよ。

障害者であり、同性愛者である自分のアイデンティティを「残酷児」として表すとき、障害を意味する「残」、障害者として受けた「酷」の経験と「酷児」（クィア）の意味が交じり合うことで、ヴィンセントは、「残酷」という否定的なスティグマを、英語の“cool”（格好よさやスタイリッシュさ）を意味する「酷」という肯定的な自己意識に転換することをねらった。また、「残酷児」としてパレードに参加し、それを通して他の障害のある性的少数者に「あなたは一人ではない」というメッセージを伝えたことは、自分たちの集団的アイデンティティを立ち上げようとする戦略的な試みであった。

3　コミュニティの形成

(1) 居場所はどこにあるのか

先行研究によれば、障害のある性的少数者は、自分がその一部となれるようなコミュニティに所属する経験が少ないことが明らかになっている。ヴィンセントも同様の経験をしたという。例えば、障害者団体を主催する活動の中では、セクシュアリティの話題がタブー視されていた。他方、同志団体が主催する活動に参加しようとすると、車いすでは会場にアクセスできなかった。両方のコミュニティから排除され、差別された経験もある。ヴィンセントの友達の33さんは、「障礙者的同婚課題：當你的權利不再是你的權利（障害者における同性婚の課題：あなたの権利があなたの権利でなくなるとき）」という記事で障害者コミュニティの中に同性愛嫌悪が存在すると指摘する。

> 障害者の権利を主張する団体は、社会福祉や権利政策に関する記事を時々取り上げているが、婚姻の権利平等化問題はほとんど議論しない。同性婚の合法化を応援する内容が掲載されると、「同性愛者と障害者は違うのに、なぜ一緒に議論されるの?」「障害者は自分たちのための権利を求めることだけでも大変なので、同性婚に関心を持つ余裕はない!」、さらに「障害者コミュニティの中には同志なんて存在しないよ!」といったコメントが寄せられていた。（中略）
> 普段積極的に「障害のある人も人間であり、権利を求めるべきである」と主張する障害者であ

るが、他のマイノリティに属する人々の権利を軽視する事例が見られる。平等な権利を求めようとしながら、排除的態度を示すことを不審に思う。（中略）
異性愛者である障害者に伝えたい。婚姻の権利平等を認めることは、同性愛者のことを好きになるように強制することではない。同性愛を承認しなくても、あなたは異性愛者で婚姻の権利を持っているのだから、既得権益を持つ者の立場から他人の権利を否定してはいけない。障害者として軽視されている状況が存在するが、障害者としての権利は簡単に否定されるべきではない。
［易 二〇一八］

障害があるかないかにかかわらず、同性愛嫌悪は異性愛中心の社会に存在する。だが、障害者の権利を主張してきた運動コミュニティの中で、同性愛者の権利を軽視することは間違っていると33さんは強調する。

一方、ヴィンセントの語りからは、同志コミュニティの中にも障害者に対する差別と排除が存在することや、同志文化の主流から障害者や障害文化が疎外されることがわかる。その中で、最もヴィンセントに影響を与えたのは、西門紅楼エリア(22)で障害者であるという理由によって店舗の利用を拒否された経験である。同志向けのショップ、バー、カフェが多い西門紅楼の中には、多様性を強調し、男女別ではないジェンダーレストイレも設置されているほか、バリアフリー化も進んでおり、車いすでも便利に利用できる店も多い。そのような場である西門紅楼エリアで差別された経験についてヴィンセントはこう語っている。

私が感じたのは、同志運動をやっている人々の大部分が、同志であるかどうかにかかわらず、社会的マイノリティの人々に対して優しく親切な態度を示しているということ。しかし、同志運動から離れていて、無関心な同志は、それぞれ優しい人もいるけど、悪い人もいる。例えば、西門紅楼エリアの複数の同志の店では、障害者であることで対応が悪かった。

この時の差別経験を、ヴィンセントはネット上に「追愛無障礙——残酷兒的不残酷（障害のない愛を求めて——〝残酷〟ではない残酷児）」［残 二〇一六］というタイトルで詳しく記録した。要約すると、ある日ヴィンセントと電動車いすを使っている脳性まひの同志は西門紅楼にある人気店で待ち合わせをする。営業時間になり、ヴィンセントたちが店員に声をかけても、店員はヴィンセントたちを店に案内してくれなかった。店員の冷たい態度からヴィンセントは昔、車いすで夜市に行ったとき、乞食と誤解されて店から追い出された経験を思い出した。そのまま放置されて一〇分間経ってから、もう一回店員に強く言ってようやくメニューを教えてもらえた。「おそらく、このゲイの人気店は、ゲイのイメージとずれている私たちみたいな障害者のゲイの来店を歓迎しないのだろう」とヴィンセントはがっかりした。同様のことは、ヴィンセントの友人である、松葉杖を使っている脳性まひのゲイと中度の視覚障害を抱えるゲイも経験している。二人が別の「ゲイ」の人気店の前でちょっと止まって、どっちの道が便利なのかと考えていたところ、店員がすぐに現れ、「入り口で邪魔しないようにお願いします」と言い、聞いてもないのに「本店は最低消費額（ミニマムチャージ）がありますよ」と言った。これは彼らにとってとても不快な経験だった。

これらの西門紅楼エリアでの不愉快な経験について、ヴィンセントはインタビューで「私は同志こそ普通の人と違って、共感したり思いやりがあったりする傾向があると以前は思っていたが、現実をみればそんなことはない。同志も普通の人と同じだね」と言った。ここでいう「普通の人」とは、マイジョリティであることを意識していない健常者や異性愛者を意味している。同じ社会的マイノリティである「同志」こそ、マイノリティの人々のつらさをわかっているとヴィンセントは想像していたけれども、現実はそうではない。障害のある性的少数者は性の多様性に寛容な空間から排除された状況にあるとヴィンセントは痛感し、「わたしたちの居場所はどこにあるのか」と自問した。

（2）グループの設立

ヴィンセントは、二〇〇八年から毎年、台湾同志遊行に「残酷児」のフラッグを掲げ、他の障害者の同志や異性愛者のアライと一緒にグループになって歩いてきた。これをきっかけに「残酷児」も障害のある性的少数者のための団体として発展していった。二〇一一年には「残酷児展異団」（略称「残酷児」）という名称の活動団体として、定期的に自助グループの活動を行うようになる。その経緯についてヴィンセントはこう語った。

ちょっとしたアイデアから、定期的な活動をしようと思った。私の経歴を言うと、最初の頃はラジオ、番組の企画から同志運動とつながりができて、そして、同志運動に実際に参加した。運動コミュニティの中で仲間たちから「残酷児」に関心を払われ、気遣いにたくさんの愛を感じた。一緒に社会運動をやるのはほんとに楽しかった。だから、私は同志運動でもらったエネルギーを他の障害のある性的少数者に伝えたい、みんなとシェアしたい。こんな気持ちで、同志ホットラインの智偉さんに「残酷児」を正式に登録して定期的に活動を開こうかと聞かれたときも、ためらうことなく実行した。

ヴィンセントが同志運動で吸収したエネルギーは、「残酷児」の活動企画を通じて参加者に伝えられていく。団体のホームページ[23]では「残酷児」について以下のように紹介されている。

まだクローゼットの中に隠れたままの障害のあるクィアもいるかもしれないが、ヴィンセントは障害者かつゲイというアイデンティティをより可視化するためにカムアウトして、パレードをしたいと考えている。私たちのグループは、障害者が自分の障害とジェンダー・アイデンティティの両方を受け入られるような交流を目的としている。「残酷児」（障害とクィアが一体になること）は、二重の呪縛ではない。残酷なものでもない。素晴らしいことだよ！

この「『残酷児』（障害とクィアが一体になること）は、二重の呪縛ではない！残酷なものでもない！素晴らしいことだよ！」というスローガンは、ヴィンセントの言う「同志運動でもらったエネルギー」を示している。つまり、性的マイノリティ運動で強調されてきた「誇り（pride）」の理念、または既存のアイデンティティやカテゴリーに挑戦するクィア的な考え方の反映である。この理念は、「残酷児」の活動を通じて参加者に伝えられる。活動内容の概要は表1を参照されたい（表1は「残酷児」における活動の資料にもとづいて筆者が整理し、作成したものである）。

活動内容を整理すると、「残酷児」の活動には三つの特徴があることがわかる。第一に、「残酷児」

表1　「残酷児」における活動内容のテーマと概要

年月日	イベントのテーマ「中国語」・内容
2008/9/27	ヴィンセントが2008年台湾同志遊行の参加により、団体成立
2011/10/20	政府に活動団体として登録する
2012/2/11	「生命密碼」体の美しさを探求する芸術的な撮影会
2012/4/7	「家。遠不遠？」家族の新たなカタチ、障害者同志と家族との関係を問う
2012/5/5	「患難與共的康乃馨」レズビアンの子どもと母親のライフストーリーを示す
2012/6/2	「看見彼此的殘與缺」異なる障害を抱える人々の困難、耳の不自由者と肢体不自由者の交流
2012/7/7	「老殘玻璃遊記」紅楼での差別経験からLGBTフレンドリーの社会を再検討
2012/8/4	「殘酷兒小劇場—身體的感官旅程」劇場で障害のある役者と、からだで表現する演劇を体験する
2012/11/10	「千障遊行」障害者権利を主張するためのデモ（障害者パレード）への参加
2012/10/27	「第10届臺灣同志遊行」2012 TAIWAN LGBT PRIDEへの参加
2012/12/1	「殘禪相扣」座禅を体験しながら、登録1周年の交流会を実施
2013/2/2	「殘酷兒小劇場—上場囉」障害のある性的少数者をテーマとする演劇の企画会・開催
2013/10/26	「第11届臺灣同志遊行」2013 TAIWAN LGBT PRIDEへの参加
2014/7/5	「驕傲自己的性別」同性愛者、トランスジェンダー、両性愛者、インターセックスなど多様な性についての学習会を実施
2014/8/2	「台灣同志大遊行的準備」同志遊行への参加についての検討会を実施
2014/9/6	「出櫃五四三」障害のある性的少数者のカミングアウト問題の交流会を実施
2014/9/16	「殘酷打擊樂訓練」演出のリハーサル
2014/10/25	「第12届臺灣同志遊行」2014 TAIWAN LGBT PRIDEへの参加
2014/11/08	「千障遊行」障害者権利を主張するためのデモへの参加
2015/4/11	「聽人如何與聽障朋友交流？」台湾手話についての紹介、特にセクシュアリティと障害に関連する言葉に注目する
2015/5/30	「粉紅點活動說明会」残酷児の第1回PINK DOT TW(1)の参加についての説明会（同志団体主催）
2015/6/13-14	「彩虹跳蚤同樂會」紅楼のLGBTフリーマーケットで障害のある同性愛者の生活経験を講演する

2015/7/11	「渡幻之翼—跨界領域與身障者藝術表現」障害者をテーマするアートと障害者であるアーティストの作品に注目し、アーティスト本人と交流
2015/8/1	「肢障快樂過生活的密碼」肢体障害者(軽度と中度)の自立生活と介護についての福祉政策、介護の利用指導
2015/10/31	「第13届臺灣同志遊行」2015 TAIWAN LGBT PRIDEへの参加
2015/11/28	「只要你想～坐著輪椅也可以飛天遁地！」車いすの使用者が世界旅行の経験をシェアする
2015/12/27	「歲末同樂會」忘年会でギフトの交換、旧年の振り返り、新年の期待をみんなと共有
2016/1/9	「認識新朋友—洗腎聚會」新しい仲間を知る——腎不全を患った患者の人工透析治療を受けた経験をシェアする
2016/3/5	「一起來看見陽光」重度の火傷者の差別体験をシェアする
2016/4/2	「太陽下快樂的新鮮事」晴れた日にみんなと出かけ、写真を撮ったり、体を動かしたりする
2016/6/25	「手天使2016年度工作成果分享會」「手天使」という障害者に性的介助サービスを提供するボランティア団体による活動報告会への参加
2016/7/2	「看不見的感官體驗之旅」視覚障害者が世界をどう感じているのかというテーマで、“見る”のではなく“触る、聞く、嗅ぐ”ことで世界を体験してみる
2016/10/29	「第14届臺灣同志遊行」2016 TAIWAN LGBT PRIDEへの参加
2017/10/28	「第15届臺灣同志遊行」2017 TAIWAN LGBT PRIDEへの参加
2018/4/4	「紫藤花旅行」みんなと一緒に藤の花を見に行く
2018/4/14	「夫夫之道——認『礙』之行」同志に対する差別をなくすために活動をしている肢体障害を抱えるゲイカップルの映像作品の上映と交流会
2018/5/5	「殘酷兒支持『障礙者需要性』遊行」障害者におけるセクシュアリティに関する権利を求めるためのパレードへの参加
2018/5/6	「媽媽拉近愛的方法」レズビアンの子どもを持つ異性愛者の母親が、カミングアウトにおける親子関係、LGBT支援について話す
2018/7/7	「情色健全了我們的人生——同志情慾小説」男性同性愛者の愛や性欲を描く官能小説について、作家との交流会を実施
2018/9/1	「男同志爸爸經」医療技術で子どもを持つことができた男性同性愛者における子どもの養育などの経験交流会を実施
2018/10/27	「第16届臺灣同志遊行」2018 TAIWAN LGBT PRIDEへの参加

2018/10/28	「OUT IN TAIWAN[2]攝影展」OUT IN TAIWAN 写真展への参加(同志団体主催)
2018/11/3	「學校沒教的障礙公民課!跟熱血公民教師一起來思辨」学校では教えてもらえない障害者としての公民権に関する講演会への参加(障害者団体主催)
2018/11/7	「障礙者談公投!」障害者の視点で公民投票について議論する(同志団体と共同主催)
2018/11/18	「凱道音樂會——婚姻平權大平台」同性婚を応援するためのコンサートへの参加(同志団体主催)
2018/12/8	「愛礙趴障礙者舞會」障害者ためのクラブダンス会(「手天使」と共同で主催)
2019/5/14&5/17	「婚權緊急動員令5/14、5/17立法院」台湾における「同志婚姻法案」の検討日と立法院表決日の応援デモへの参加(同志団体主催)
2019/10/26	「第17屆臺灣同志遊行」2019 TAIWAN LGBT PRIDEへの参加
2020/10/31	「第18屆臺灣同志遊行」2020 TAIWAN LGBT PRIDEへの参加

註:(1) PINK DOTはデモ行進が禁じられているシンガポールで開催されるLGBTQの支援イベントである。2009年に発足し、参加者がピンクを身につけて公園で集会を開きながら、LGBTQへの理解や応援を表す。台湾は2015年に初めて台北で開催された。

(2) OUT IN TAIWANとは、世界的フォトグラファーであるレスリー・キーが企画したプロジェクトである。台湾で暮らすLGBTQにスポットライトを当て、多彩なポートレートをさまざまなフォトグラファーが撮影し、カミングアウトをしたいと願い選択する人を、やさしく受け止め応援できる社会づくりを目指している。https://www.outintaiwan.tw/tw(2022年10月25日取得)

は自助グループとしての機能を持ち、障害のある性的少数者が直面しがちな困難を共有し、一緒に考えるように促す。例えば、障害者として自分の性的指向を家族に伝えるときの困難について、カミングアウトした当事者が自分の経験を参加者たちと共有し、みんなでカミングアウトの戦略を考えるイベントが、多く開催されている。また、レズビアンの子どもを持つ異性愛者の母親が、カミングアウトにおける親子関係、ＬＧＢＴ支援について話すイベントもある。第二に、多様な生き方の可能性を知り、探究することを目的に、「差異」をもつ他者との交流を重視するさまざまな企画がある。例えば、異なる障害のある当事者たちとの交流会や台湾手話についての紹介、同性愛、トランスジェンダー、バイセクシュアル、インターセックスなど多様な性についての学習会を実施している。また、劇場で障害のある役者と演劇を体験することや、世界旅行を経験した車いすの使用者と旅行の知恵を共有すること、男性同性愛者の愛や性欲を描く官能小説作家の講演会や、座禅を体験するイベントまで開催している。第三に、他の障害者団体や同志団体の活動に参加したり、イベントを共催したりすることで、共生と連帯の意識を示そうとしている。例えば、障害者団体が主催する障害者としての公民権に関する授業や、同志団体が主催する同性婚を応援するためのイベントに参加している。また、「手天使」という障害者に性的介助サービスを提供するボランティア団体と共同で、障害者のためのクラブダンス会を主催したこともある。

「残酷児」の活動は驚くほど多種多様であり、どのイベントもバリアフリーの会場、多目的トイレ、手話通訳を提供している。参加者資格についても制限を設けず、誰でも参加できるようにしている。インタビューによると、毎回の参加者数は一定ではないものの、一〇人以上であることが多い。対面活動のほか、ＳＮＳ（Facebook、LINE、掲示板）も使用している。参加者へのアンケートを実施していないため、実際に「残酷児」の活動に参加することでどのような影響があったのかなどのフィードバックは残念ながら行われていない。参加者へのフィードバックは、今後の課題だとしている。

4 マイノリティ運動への参加

「残酷児」の活動に見られるもう一つの特徴は、社会運動への参加を重視することにある。毎年「台湾同志遊行」に参加しているほか、障害者におけるセクシュアリティに関する権利を求めるためのパレード、台湾における「同志婚姻法案」の応援デモ、公民投票を呼び掛ける集会への参加も見られた。二〇一〇年にヴィンセントが行った同志遊行でのスピーチでは、異性愛中心の社会に挑戦する同志運動と同じように、障害者は健常者中心の社会で自らの権利や性を追求していくしかないという趣旨で、障害者の移動を容易にするための施設の整備を台湾鉄道に対し求めていく運動を呼びかけた。その結果、この取り組みは同志コミュニティからも応援された。また、障害者の権利を主張するためのデモである「千障遊行」(障害者パレード)に参加し、婚姻の平等運動や同志運動の宣伝を行った。ヴィンセントと「残酷児」の努力で、同志コミュニティと障害者コミュニティは互いに「教え、教えられる」関係に向けて一歩を踏み出した。

「残酷児」の運動参加は、同志運動にある変化をもたらした。ヴィンセントが最初に同志遊行に参加したとき、「残酷児」についてメインステージで講演することになった。しかし、当時ステージには階段しかなく、車いすに乗ったままでは壇上に登れなかった。そこで、数名のスタッフがヴィンセントを担いでステージに上げた。翌年、同志遊行の主催側は、ステージにスロープを用意した。このため、ヴィンセントは車いすに乗ったままステージに上がることができた。さらに、ステージで開催するイベントに手話通訳者も配置された。「残酷児」の存在が可視化されたことで、コミュニティ内でも障害のある性的少数者の存在やかれらが置かれている状況に注意が向けられるようになった。例えば、台湾最大の同志支援団体の「同志ホットライン」では、手話サポート、手話学習会と手話通訳者のためのＳＯＧＩ講座、障害者のための性の多様性の座談会を実施するようになり、精神障害者へのサポートも提供するようになった。

ここまで論じてきたように、「残酷児」というアイデンティティの形成は、異性愛中心で、かつ健常者中心の社会で、性的少数者のコミュニティと障害者のコミュニティのいずれからも疎外されていた人々が自らの殻を破り、生存のために解放を探求する試みである。また、「残酷児」の運動によって、台湾における多様な障害をもつ性的少数者の存在が注目され、台湾における性的マイノリティ運動のバリアフリー化の取り組みにも影響を与えた。さらに、「残酷児」の実践は、障害のある性的少数者の主張と行動を顕在化することで、マイノリティの内部におけるさらなるマイノリティに対する差別を可視化し、これまでのコミュニティのあり様の問い直しや見直しにつながった。

おわりに

本章では、台湾における障害のある性的少数者の当事者活動とコミュニティの形成を「残酷児」を通じて考察した。本章の議論により明らかになったのは、第一に、肢体障害をもつ男性同性愛者であるヴィンセントが、自分が受けた差別の経験から「残酷児」という言葉を発明し、自分のアイデンティティを表現していることである。第二に、既存の障害者コミュニティと同志コミュニティから疎外された「残酷児」たちが、自らの居場所を作り出し、多様な生き方を探求していることである。第三に、「残酷児」の取り組みは、障害にもとづく差別とＳＯＧＩにもとづく差別の交差が生む困難を、運動の中で可視化しようとしていることである。

鈴木賢は「台湾の同志運動はアメリカの理論と実践から強い影響をうけながらも、外来語ではなく、独自の言説枠組みを自国語（漢字で！）で鋳造した」と指摘している［鈴木 二〇二二：三一四］。これと同じように、障害のある性的少数者の活動においても、外来語を使用せず、台湾の同志運動の影響を受けながら、当事者自身の経験から「残酷児」という独自の用語が生み出された。「残酷児」はこれまで名づけられていなかった、異性愛規範と健常者規範から「逸脱」した障害のある性的少数者のアイデンティティやコミュニティのあり方を模索するための概念である。それだけでなく、「残酷児」という、台湾社会にこれまでなかった言葉を生み出すことによって、既存の障害者コミュニティにも同志コミュニティにもとどまらないクィア的なエネルギーが放出されていると言える。

「残酷児」の経験の可視化は、マイノリティ運動の内部における「同化」によって生じる抑圧に注意を喚起し、健常者を前提として作られた既存の〝同志コミュニティ〟と〝同志運動〟に反省を促した。「残酷児」たちは運動への参加によって、他者と共に「場」を共有することで、他者との対話の可能性を開いた。その成果の一つが、同志遊行でのバリアフリー化などのアクセシビリティの向上である。これは、障害当事者の参加と交渉により、合理的配慮の提供や適切な環境整備がなされるようになった具体的実践でもある。[24]

コリンズとビルゲは人々が抱える差異や独自性、矛盾を理解することを促すため、交差性が発見を促すような（heuristic）手法として使われていると指摘し〔Collins and Bilge 2016: 2-4〕、部落問題を研究し、解放運動と女性運動との関わりについて論文を書いた齋藤直子は、「交差が相互に関連し合っているという側面に着目することで、一方の差別の改善がもう一方の差別的状況の改善につながるというポジティブな変化の可能性を見出すことはできないだろうか」と主張する〔齋藤 二〇二一：四五〕。本章で取り上げた「残酷児」の実践は、クィアと障害の交差によって、齋藤の言う「ポジティブな変化」が生じた一例であると言える。

しかし、「残酷児」の活動は障害と性的指向の交差には注目しているが、別の交差性の視点を欠いている。例えば、障害の種別によって生じる格差や貧困の問題に言及しないまま開催され、豊かな生活スタイルを探求するイベントなどが挙げられる。こうしたイベントは、貧困状態にある障害のある性的少数者の存在を排除し、不可視化させる効果を持つ。他方、この問題は、類似の団体が主催する活動の中で取り上げられている点も指摘しておきたい。例えば、「残酷児」と共同で活動している「手天使」[25]という障害者の性に関する問題に取り組むボランティア活動団体は、障害の種別によってアクセスできる性的サービスに格差があることを問題にしている。また、「貧窮同志参政団」[26]という同志運動の団体は、障害者の貧困問題について議論している。一つの団体において、あらゆる差別の交差性をふまえた活動を展開することが現実的に困難だとしても、複数の団体との緊張関係を含む連携を維持することが、差別や困難の多様性と多元性への気づきを迫る契機になるとも考えられる。今後、台湾の「残酷児」の運動を追いながら、クィア、障害、フェミニストなど複数の活動が連携する具体的な実践について検討していきたい。

＊本研究はJSPS科研費（JP 20J21415）、立命館大学生存学研究所の研究助成を受けたものである。

註

（1）昨今の研究論文の傾向として、ＬＧＢＴを自認する個人について記述する場合は「性的少数者」を使い、社会運動としての主体を示す場合「性的マイノリティ運動」を使うことが多い。本章でもそれに倣い、ＬＧＢＴと自認している身体障害者個人のことを「障害のある性的少数者」と呼ぶ。それ以外にも、多様な障害のある性的少数者が存在するが、その検討は今後の課題にしたい。

（2）当時シェイクスピアらの研究において、インタビュー調査の対象者にトランスジェンダーやバイセクシュアルと自認する協力者はいなかった。ゲイとレズビアンの障害者の経験を中心に語られていた。

（3）障害者の性の権利について飯野由里子［二〇二二］に詳しい。

（4）バイセクシュアル、トランスジェンダーを自認する障害者の研究がいまだ少なく、今後の研究が期待される。

（5）https://deaf-lgbt-center.jimdofree.com（二〇二二年五月五日取得）

（6）https://www.facebook.com/QPDnepal（二〇二二年五月五日取得）

（7）https://www.instagram.com/queer.disabled/（二〇二二年五月五日取得）

（8）https://feminisminindia.com/author/revival-mag/（二〇二二年五月五日取得）

（9）この調査は台湾における障害のある性的少数者の社会活動と運動実践を対象としている。立命館大学における人を対象とする研究倫理審査委員会の承認を得たものである（衣笠－人－2018-72）。

（10）性的少数者の権利に関する法制化については鈴木賢［二〇二二］が詳しい。

（11）「同志」という言葉の由来は、一般的に孫文が辛亥革命のときに語った「革命いまだ成らず、同志よ、なお努力せよ」という言葉にあるとされており、そこから「同志」は、共通の理想を掲げ、ともに政治運動を戦う仲間たちを指す言葉として使われるようになった。他方、李屹［二〇一二］は、香港の作家・邁克が八〇年代にアメリカの友人に宛てた手紙で、共産主義者の使う「同志」をhomosexualに当てたことから始まったと説明している。朱偉誠［二〇〇五］は香港の劇作家・林奕華が九〇年代に「レズビアン／ゲイ」を「同志」

と訳出し、映画祭で「同志映画」のカテゴリーを用いたと指摘している。また、紀大偉［二〇一七：三八二］は「九〇年代末になると、『同志』が意味するのはhomosexualやqueerではなく、『革命いまだ成らず、同志よ、なお努力せよ』という元々の使われ方と結びつき、公民社会に参入し、同志運動を起こす使命と結びつくようになった」と指摘している。また、文学分野における「同志文学」の議論について三須祐介［二〇一八］が詳しい。

（12）一九八七年に台湾で戒厳令が解除され、政治の民主化を迎えたとともに、欧米のフェミニズムの影響を受けて女性運動が展開された。一九九〇年初めにレズビアン団体をはじめ、ゲイ団体、学校内の同性愛サークル、クィア研究会など草の根の運動コミュニティが誕生した。しかし、当時の台湾社会は、同性愛者に対して、社会的偏見が強かった。同性愛者は「変態」や「精神病理」、「前世の罰を受けた人」と見られ、「同性愛は罪だ」とも考えられており、スティグマを付与される存在であった。その頃から、社会運動のコミュニティは「同志運動」と呼ばれ、異性愛中心主義の社会からスティグマ化された「同性愛者」という言葉の代わりに、「同志」という言葉が用いられるようになった。その後、「同志」は台湾における文化圏、メディア、学術研究などさまざまな分野で、社会全体に使われるようになった。簡家欣［一九九八］は、「同志」という言葉の使用が、社会から周縁化、差別化されていたマイノリティのマジョリティに対する対抗心を掻き立て、知識の権利の再分配を促したと指摘している。

（13）同志が受けている差別状況を明らかにするため、「友善台湾連盟」は二〇一二年四月三日から一〇日にかけて、台湾同志のストレス状況に関するアンケートを実施した。連盟は四つの団体から結成した。これらは、台湾性別人権協会（台灣性別人權協會：一九九九年に成立した教育・法律・生活・政治の分野でジェンダー二元論を批判し、人権啓発を行う活動団体）、台湾伴侶権益推動連盟（台灣伴侶權益推動聯盟Taiwan Alliance to Promote Civil Partnership Rights：二〇〇九年に成立した同性婚を含む「多様な家族形成運動」を推進する活動組織）、台湾同志諮詢ホットライン協会（台灣同志諮詢熱線協會TAIWAN TONGZHI (LGBTQ＋) HOTLINE ASSOCIATION：一九九八年に発足した台湾最大のＬＧＢＴＱを支援する非政府組織）、台湾性別平等教育協會（台灣性別平等教育協會Taiwan Gender Equity Education Association：二〇〇二年に学校教員を中心に設立し、『性別平等教育法』の成立と台湾全土でジェンダー平等教育を推進している団体）である。

(14) 福永玄弥［二〇二二：五四―六六］は、台湾の性的少数者が主体となっている運動において、九〇年代に立ち上がったばかりのアイデンティティ・ポリティクスのなかで立場が分けれ、「立派な公民」としてアウトする戦略から周縁化されている人々に「酷児」は受け入れられたと指摘している。

(15) 本章では、筆者が二〇一九年二月に台湾で行ったインタビュー調査を取り上げる。インタビューは当事者の活動団体である「残酷児」のリーダー、ヴィンセントさんに個人の生活史、団体活動の経緯、社会運動の経験について合計七時間中国語で実施した。

(16) ヴィンセントが書いたネット記事［残酷蟬 二〇一六］にも言及した。また、当時「残酷児」として二〇〇八年台湾同志遊行に参加したヴィンセントと友たちの写真が今でもネットで見られる。

(17) ヴィンセントによる「残酷」な経験談は、『幽暗國度――障礙者的愛與性（障害者の愛と性）』［陳 二〇一八］にも載っている。本章で言及する差別と自殺の経験については、一五六―一五七頁を参考にしている。

(18) ヴィンセントは直立二足歩行ができる人に対して「直立者」と呼ぶ。

(19) 欧陽珊珊［二〇二一：五一―六三］。

(20) 新公園とは、台北市の総統府、台北賓館の近くにある日本統治時代に建設された公園のことで、一九九六年に「二二八和平紀念公園」と改称されている。七〇年代から九〇年代中期まで、新公園は男性同性愛者の間で重要な社交空間として知られていた。作家の白先勇が、小説『孽子』［一九八三］でこの公園を舞台にした同性愛者の物語を描いている。

(21) 台湾同志遊行　https://www.taiwanpride.lgbt　（二〇二二年六月二九日取得）

(22) 西門紅楼は日本統治時代の一九〇八年に建設され、もともとは台湾初の公営市場として活発な活動が行われていた。戦後は映画館および劇場になり、娯楽など文化活動を行っていた。七〇年代以後、ポルノ映画の上映営業で男性同性愛者の客を惹きつけたという説もある。一九九七年には台北市の古跡として認定され、建物の老朽化により同時に映画館が閉館した。二〇〇〇年に火事によって一部が燃えたが、「古跡再建築」計画が立てられた。それを機に新しい文化創造や産業発展の中心に変身している。二〇〇六年以降、西門紅楼を中心に、その周辺にある小熊村をはじめとして、同志向けのショップ、バー、カフェが開店した。西門紅楼エリアは、日本における東京の新宿二丁目のような、台北のゲイタウンと見られる。同志（特に男性同性愛者）が帰属意識を抱く空間であると指摘されている［羅 二〇一〇］。
（23）殘酷兒　https://dbqueer.weebly.com/3063735299275443723920818.html　（二〇二二年六月二五日取得）
（24）台湾の同志遊行と日本のプライドパレードにおけるアクセシビリティの状況に関する比較調査をすでに行っている。近いうちに発表する予定がある。
（25）手天使　https://www.handangel.org　（二〇二二年六月二五日取得）
（26）貧窮同志參政團　https://www.facebook.com/poorgaypolitics/　（二〇二二年六月二五日取得）

参考文献

陳昭如［二〇一八］『幽暗國度——障礙者的愛與性』（障害者の愛と性）新北市：衛成出版。

紀大偉［二〇一七］『同志文学史——台湾的発明』（同志文学史——台湾の発明）台北：聯経出版。

簡家欣［一九九八］「九〇年代台灣女同志的認同建構與運動集結——在刊物網絡上形成的女通知新社群」（Taiwanese Lesbians' Identification under the Queer Politics Since 1990）『台灣社會研究』三〇：六三—一一五。

簡至潔［二〇一二］『「台灣同志壓力處境問卷」調査結果初步分析』」、台湾同志諮詢熱線協会、二〇一二年四月（https://hotline.org.tw/sites/hotline.org.tw/files/20120417【調査報告】台灣同志壓力處境問卷%20結果初步分析.pdf　二〇二〇年六月二五日取得）

梁美榮［二〇一五］「我國身心障礙者性權之省思」（Reflections Sexual of Disabilities Rights: No Longer Silent and Evasive Disabilities Sexual Issues）『社區發展季刊』一四九：八一—九〇。

李屹［二〇一二］『「同志」的誕生——概念史視角下行為語意朝認同語意之轉型』（The Sociogenesis of "Tong-zhi": The Structural Transformation of (Homo-) Sexual Semantics in the Perspective of Conceptual History）国立台湾大学社会学研究所中華民国一〇〇年度修士論文。

羅毓嘉［二〇一〇］「男柯一夢夢紅樓――西門紅樓南廣場的『同志市民空間』」（Living Dreams on Ximen Red House Square: Toward a Civic Space of Gay Community in Taipei）国立台湾大学新聞研究所中華民国九八年度修士論文。

台湾同志諮詢熱線・婚姻平權大平台［二〇二〇］「台湾同志（LGBTQ＋）の職場現状調査結果（2020 Workplace Equality Survey in Taiwan）」、台湾同志諮詢熱線協会、二〇二〇年五月五日（https://hotline.org.tw/news/2946　二〇二二年六月二五日取得）

易君珊［二〇一八］「障礙者的同婚課題：當你的權利不再是你的權利」（障害者における同性婚の課題：あなたの権利があなたの権利でなくなるとき）、鳴人堂、二〇一八年一一月一五日（https://opinion.udn.com/opinion/story/11455/3480501　二〇一九年一二月三一日取得）

残酷蟬（＝ヴィンセント）［二〇一六］「追愛無障礙――残酷兒的不残酷」（障害のない愛を求めて――〝残酷〟ではない残酷児）、AGE OF QUEER、二〇一六年九月一八日（http://ageofqueer.com/archiVes/11991　二〇一九年一一月二四日取得）

朱偉誠編［二〇〇五］『台湾同志小説選』二魚文化。

Collins, Patricia H. and Sirma Bilge［2016］*Intersectionality*, Polity Press.

Corbett, Jenny［1994］“A proud label: exploring the relationship between disability politics and gay pride,” *Disability and Society*, 9（3）: 343-357.

Duke, Thomas［2011］“Lesbian, gay, bisexual, and transgender youth with disabilities: A meta-synthesis,” *Journal of LGBT Youth*, 8（1）: 1-52.

He, Xiaopei［2019］“Rich in Desire: Sexualities and Fantasies Deriving from Poverty, Stigmatisation, and Oppression” Edited by J. Daniel LUTHER and Jennifer UNG LOH, *Queer Asia: Decolonising and Reimagining Sexuality and Gender*. ZED Books. 65-83.

Leonard, W. and Mann, R.［2018］*The everyday experiences of lesbian, gay, bisexual, transgender and intersex（LGBTI）people living with disability, No. 111*. GLHV@ARCHSHS, La Trobe University.

Martel, Frédéric [2013] *Global Gay: Comment la révolution gay change le monde*, DOCUMENT SC.HU. ＝［二〇一六］林はる芽訳、『現地レポート世界ＬＧＢＴ事情——変わりつつある人権と文化の地政学』岩波書店。

Martino, Alan [2017] "Cripping sexualities: An analytic review of theoretical and empirical writing on the intersection of disabilities and sexualities," *Sociology Compass*, 11 (5) http://doi.org/10.1111/soc4.12471

Shakespeare, Tom [1999] "Coming Out and Coming Home," *International Journal of Sexuality and Gender Studies*, 4: 39–51.

Shakespeare, Tom, Kath Gillespie-Sells and Dominic Davies [1996] *The Sexual Politics of Disability*, London and New York: Cassell.

飯野由里子［二〇二二］「性の権利は障害者の味方か？」飯野由里子・星加良司・西倉実季編『「社会」を扱う新たなモード』生活書院、一〇一—一三八。

欧陽珊珊［二〇二二］「障害とセクシュアリティの交差についての考察——台湾の肢体障害／男性同性愛者の経験から」『コア・エシックス』一七：五一—六三。

齋藤直子［二〇二一］「交差性をときほぐす——部落差別と女性差別の交差とその変容過程」『ソシオロジ』六六（一）：四三—六一。

鈴木賢［二〇二二］『台湾同性婚法の誕生』日本評論社。

福永玄弥［二〇二二］「アジアにおけるクィア・スタディーズの発展とその背景」菊地夏野・堀江有里・飯野由里子編『クィア・スタディーズをひらく２』晃洋書房、六五—七〇。

三須祐介［二〇一八］「林懐民『逝者』論——『同志文学史』の可能性と不可能性をめぐって」『立命館法学別冊』六六：六〇三—六二六。

Column

「ろう者」と「LGBTQ」

山本芙由美

1 ろう者のこと

私はろう者かつクィアの一人として、二〇一三年から「ろうLGBTQ」の問題を可視化させるために取り組んできた。

厚生労働省の二〇〇六年の実態調査によると、聴覚障害者は約三四万人とされている。これは行政が身体障害者手帳に「障害者」として登録している人数を基本としているだろうから、実際はもう少し多いだろう。そのうち日本手話を第一言語とするろう者は約六万人といわれている。ここに、電通総研(二〇二〇)の「八人に一人」がLGBTQであるという推計をあてはめると、ろうLGBTQは一万人ほど存在していることになる。

ろう者は「情報障害者」「コミュニケーション障害者」等といわれる。テレビの字幕はまだ部分的だし、手話はほとんど表示されていないなどの事情で、外部から入ってくる情報が大きく制限されてしまう。LGBTQであるという自覚はあっても、詳しい情報が得られない。どこかの自治体でパートナーシップ制度がスタートしたと聞いても、それがどういうもので、どのようなメリットやデメリットがあるのか等の詳細を把握することがなかなか難しい。ほかのLGBTQの集まりには手話通訳の問題などもあり、大変参加しにくい状況が続いている。

ＬＧＢＴＱのろう当事者であっても、情報が制限されるのであるから、シスジェンダー／異性愛中心のろうコミュニティではＬＧＢＴＱに関する情報がもっと入ってこない。ひと昔、ふた昔前の知識と認識にとどまっている状況がある。

そして、コミュニケーションの問題等から、現在の聴者／音声言語中心の日本社会の中でろう者はろう者だけでかたまることが多い。ろうＬＧＢＴＱの人々は、まず同じろうの仲間たちの偏見と差別にぶつからざるを得ないのである。

2 ろうコミュニティの状況と手話

先ほど述べた「日本手話」は日本のろう者たちが日本の文化の中で形成してきた日本語とは異なる文法構造を持つ独立した言語であり、話者たちがそのコミュニティー独自の文化を持っているという視点がある。これに対し、日本音声語に合わせたものを「日本語対応手話」または「手指日本語」という。この日本手話によるＬＧＢＴＱの表現はこれまで、性的な面だけを強調した差別的なものだった。「ゲイ」は〝相手の尻に突っ込む〟というような表現だったし、「レズビアン」は女同士が〝身体を擦りつけ合う〟というような表現だった。性的指向ではなく、性的嗜好と捉えられていた。

私たちはまずそうした手話に代わる表現、つまり全く新しい手話表現を作っていくことから始めていく必要があった。「ＬＧＢＴＱ」や「クィア」といった言葉の手話表現も今まではなかったのだ。それが五〜六年前の話であり、そうした言葉の手話が存在しないということは、同時にＬＧＢＴＱに対する正しい認識もほぼないということを意味していた。

ここ数年、私は各地のろうコミュニティに講師として呼ばれることが増えた。しかし、LGBTQについて色々話していても、出てくる質問は「同性愛を認めたら、子どもが生まれなくなる。人類が絶えてしまうのではないか」といったものが多い。SOGIE（性自認・性的指向・性表現の英字略語）は一つではない、さまざまなものがあると話しているつもりだが、それがなかなか理解されない。……というより、これまでそうした情報、認識がろうコミュニティのもとにまで届いていなかったのだ。さらに、ろう者の場合、具象的な文化（物事をはっきり伝えないといけない文化）を持っており、男か女かということがその人への重要な情報伝達となる。それが、性の揺らぎや多様性がなかなか理解されず制限される理由となっている面がある。

ただ、それでも聴者社会から疎外されてきた同じろう者同士ということがあり、極端に疎外されたり、排除されたりすることはない。ろう者の当事者団体の中にもLGBTQのメンバーは多く存在する。その人がカミングアウトしているか、そうではないかは別として。ということもあって、ろうコミュニティとしても私たちが作ってきたLGBTQ手話表現を少しずつ受け入れる方向で進んできている。

3 アウティングの問題と、LGBTQの活動から隔てられるろう者

多くのろう者はろう児だけを集めた「ろう学校」で育つ。そのろう学校の数は多くはない。たいていの府県では一校か二校しかなく、私自身が育った京都府では京都府立ろう学校一校のみである。つまり、ほとんどのろう者が先輩後輩の関係にある。また、ろう者の数自体がそう多くはないし、京都府全体でろう者は約三〇〇〇人くらいだろうといわれている。

そして、手話通訳者の数も少ない。「手話通訳士」の資格を持っているのは京都府の場合は一一二人である（二〇二〇年二月現在）。そのうち、恒常的に通訳活動ができる人の数はもっとずっと少なくなる。そうした状況の中で、ＬＧＢＴＱ関連で手話通訳をお願いした時、派遣される手話通訳者は顔見知りである可能性が高い。顔見知りではなかったとしても、また別のどこかで顔を合わせる可能性は高い。もちろん、手話通訳者の人々は通訳の中で知った事実をアウティングしてはならないという守秘義務がある。しかし、アウティングしないとしても、「この前はどうも」とあいさつするだけで、「なぜあの人を知っているのか？　何の通訳で会ったのか？」と周囲の好奇心と疑惑の的となる。

つまり、ＬＧＢＴＱであることを本人がカミングアウトする用意がないうちに、アウティングされてしまう恐れが大きいのである。先ほど「他のＬＧＢＴＱの集まりに大変参加しにくい」と述べたが、それにはこの事情も大きい。地域の手話通訳者を派遣依頼すると（その通訳者の責ではなくとも）アウティングされてしまう恐れと不安を持たざるを得ない。

ろう者が他のＬＧＢＴＱの集まりなどに容易に参加しにくい事情の一つがそこにある。加えて、ＬＧＢＴＱ映画などにしても最近やっと字幕付きで見られるものも増えてきているが、まだ多くに字幕はついておらず、ろう者はきちんと内容を把握できないでいる。

4 「普通」学校育ちのろうＬＧＢＴＱ

先ほど、「多くのろう者はろう学校で育つ」と述べたが、最近は地域の「普通」学校で育つろう者も増えてきている。実は私自身も「普通」学校育ちである。「普通」学校育ちの場合は、聴者との接触も多く、比較的、情報は入りやすい。ただ、その代わり、今度はろう者としてのアイデンティティが得にくくなる。手話も幼稚園や小学校からではなく、中学や高校になってから知ったという人たちも多い。人によっては大学に入ってから初めて手話と出会い、覚えたという人もいる。

自分はろう者なのか、難聴者なのか（難聴者の場合は手話を第一言語としない）と揺らぐ人もいて、他のLGBTQ団体にはやはりコミュニケーションの問題で参加しにくい状況がある。しかし、手話通訳を介してというのも、手話をどれほど自分自身の言語としているのかの度合いによって変わってくる。また、聴者社会のなかで孤立して育つ人も多いので、人間関係を作るのに慣れていない人も多い。

そのような人たちはアイデンティティに迷い、周囲の人間関係に苦労し、そして、ろうであり、さらにLGBTQであるという二重の差別にさらされる。ろう学校出身の人たちの場合は、LGBTQに対する理解はまだなくとも、自分が最終的に帰属するところは、同じろう者たちのいるコミュニティであるという居場所がある。「普通」学校出身の人々の場合はその居場所が持てないという不安定さを常に抱えていくことになる。

私自身の場合は両親がどちらもろう者であり、家での第一言語が手話であったということもあって、そうしたアイデンティティの揺らぎはあまりなかった。両親は離婚して私は母のもとで育ったが、母もLGBTQについてはある程度受け入れてくれたし、自分の帰属する場所についての迷いはあまりない。

5 そして……

1の「ろう者のこと」でも述べたように、私自身、二〇一三年からろうLGBTQの集まりなどを作ってきた。Deaf LGBTQ Centerとして、ろうLGBTQの生活相談を受けたり、多様な性をあらわした手話表現を掲載した「ろう×ＬＧＢＴＱサポートブック」（二〇一八年）を作り、異性愛中心のろうコミュニティや多くの手話通訳者に見てもらうようにした。また、国内外のろうＬＧＢＴＱとの交流の場を作ったりとさまざまな活動を進めてきた。その中で思うことはいろいろある。「ろう者」といってもろう学校育ちか、「普通」学校育ちなどの教育的背景で大きく違ってくる。そうなると、ろうとＬＧＢＴＱの交差、一人ひとりに合わせた支援が必要になる。いろいろと課題は多いが、その中で私は自分がありのままの自分でいられる居場所を得ることができた。そして、それは私だけではない。他の当事者からも同じようなことが言われる。それだけでも十分意義はあると思っているし、それが私たちの集まりの中だけではなく、もっと広い範囲に及んでいくようにしていきたいと思っている。

参考文献

電通総研「ＬＧＢＴＱ調査２０２０」https://www.dentsu.co.jp/news/release/pdf-cms/2021023-0408.pdf

第六章
差異とつながりと攪乱の暴力
藤野千夜『少年と少女のポルカ』と「クィア」

黒岩裕市

はじめに

本章では藤野千夜が一九九六年に発表した小説『少年と少女のポルカ』を読むことを通して、クィア・スタディーズの領域で身体の問題を考察しようとする本書の課題に取り組みたい。

まずは、『少年と少女のポルカ』の作者である藤野千夜（一九六二年〜）について簡単に紹介しよう。藤野は一九九五年に『午後の時間割』で第一四回海燕新人文学賞を受賞し、同作が『海燕』一九九五年一一月号に掲載され、作家としてデビューした。九八年に『おしゃべり怪談』で第二〇回野間文芸新人賞を、二〇〇〇年に『夏の約束』（一九九九年）で第一二二回芥川賞を受賞し、芥川賞受賞を機に藤野は多くのメディアに取り上げられるようになった。二〇〇〇年代以降も、映画化された『ルート225』（二〇〇二年）や、自伝的な長編小説として宣伝された『D菩薩峠漫研夏合宿』（二〇一五年）、『編集ども集まれ！』（二〇一七年）など多くの作品を発表している。『少年と少女のポルカ』は藤野の二作目に当たる作品で、『海燕』一九九六年二月号に掲載され、同年三月に『午後の時間割』を収録する形でベネッセコーポレーションから単行本が出版された。なお、単行本のカバーは岡崎京子によるものである。その後、二〇〇〇年に講談社から、二〇一八年にキノブックスから文庫版が刊行された。キノブックス文庫版には『少年と少女のポルカ』の二つの続編も収録されている。

『少年と少女のポルカ』や『夏の約束』だけではなく、九〇年代の藤野の作品にはしばしば性的マイノリティが登場する。そのことについて、『少年と少女のポルカ』の文庫版（二〇〇〇年）の解説で、斎藤美奈子は「たいがいは「アブノーマルな私」を大仰かつ露悪的に印象づけるか、物語に綾をつける「変わっているけどおもしろい人」という意匠の域を出るものでは」なかった従来の文学作品における性的マイノリティの描かれ方と一線を画す点を特徴として挙げ、「「同性愛者」「性同一《ママ》障害者」「異装者」といった言葉ではくくりきれない多様なセクシュアリティを、深刻でも軽薄でもなく描けるという点で、もっかこの作者にかなう人はいないでしょう」と藤野を評価する［斎藤 二〇〇〇：二一四—二一五］。ただし、藤野作品では、個々の言葉には括れない「多様なセクシュアリティ」が描かれるというよりは、侮蔑語をも含めた既存の言葉を引き受ける／引き受けざるを得ないキャラクターが登場することが多いのだが、これは本章の論点になる。

さて、『少年と少女のポルカ』は、同じ学校に通うクボタトシヒコとヤマダアキオ、そして、トシヒコの中学までの同級生のミカコという高校一年生の三人を主要な登場人物とする。トシヒコはゲイで、ヤマダはトランス女性であるのだが、本章の第1節では二人の差異の語られ方を確認したうえで、トシヒコからヤマダへのつながりが生じる瞬間に目を凝らす。そして、差異を含んだつながりを模索するものとして、同時期の日本に紹介されつつあった「クィア」という言葉と関連づける。続く第2節では、ヤマダからトシヒコへのつながりと、ミカコからトシヒコとヤマダへのつながりを探る。第3節では、もともと侮蔑語であった「クィア」の価値転覆的な用法を再確認し、そうした用法が引き起こす攪乱的効果を論点に、ヤマダの身体の表象のされ方を考察する。そのようにして、「クィア」という言葉の用法を手がかりに『少年と少女のポルカ』を読み、テクストの具体的な読解から「クィア」の用法についても再検討することを本章では目指したい。

1　差異とつながり

『少年と少女のポルカ』はトシヒコの目線で語られる語り、すなわち、トシヒコを視点人物とした語りと、ヤマダを視点人物とした語りによって構成される。男子校に通うトシヒコはゲイで、かつては図書館で同性愛関連の専門書を読みあさり、一喜一憂していたのだが、そのうちの一冊に「同性愛者の特徴の一つとして、同性愛関係の書物をたくさん読んでいるということが挙げられます」という記述を見つけ、「それ以来なんだか馬鹿馬鹿しくなって悩むことをやめてしまった」という。こうしたところからも、「「アブノーマルな私」を大仰かつ露悪的に印象づける」ステレオタイプ的な同性愛者像からは距離を取ったキャラクターであることが読み取れる。「十五歳のトシヒコの悩みはと言えば、もっぱら好きな男の子のことに限られている」［藤野 二〇〇〇：一一―一二］。

一方、トシヒコのクラスメートであるヤマダも恋愛対象は男性なのだが、「自分のことを間違った身体に生まれた女だと思っている」。同性愛者だとは自認しておらず、「女の恰好をしていても女装と思われるのは不愉快」で、「去年の秋から週一で女性ホルモンを注射して」おり、「夏には睾丸も摘出し」、

「学校中でただ一人の女子生徒を自称して」いる［藤野 二〇〇〇：一四—一五］。作品の冒頭では、ヤマダがスカートを穿いて登校する日を級友たちが「Xデイ」［藤野 二〇〇〇：一六］と呼んでいるのだが、ヤマダにとって問題なのは服装やメイクではなく身体であり、次のように語られる。

トシヒコが自分を疎んじていることも薄々知ってはいたけれど、最初から何かを期待しているわけではないからそれほど傷つきはしない。ヤマダは自分の身体には不備があるのだからと、今のところは何でも諦めることができた。悪いのは全部身体だった。［藤野 二〇〇〇：二二］

ヤマダは「悪いのは全部身体だった」と何事も身体の「不備」のせいにしており、一方で「自分の身体は自分の思うものに少しずつ近づいて来ている」［藤野 二〇〇〇：四二］という一節に見られるように、医療行為を主体的、積極的に利用することで、本来そうであるはずの自分の身体に近づくことにすべてを賭けているのである。

ヤマダとトシヒコは恋愛対象が男性であるという点では同じだが、テクストでは二人の差異が強調される。「ちゃんとした女の子」［藤野 二〇〇〇：四三］であることを望むヤマダは恋愛対象として異性愛男性を求め、ヤマダのことを馬鹿にしつつも「気安く身体に触って来る」［藤野 二〇〇〇：三八］級友たちとは対照的に、「純粋に男が好きな」［藤野 二〇〇〇：三六］トシヒコはトランス女性であるヤマダには興味を示さないのである。つまり、二人の差異は性自認と性的指向の違いということになるのだが、杉浦郁子によれば、「『性的指向と性自認は別個のものである』という認識枠組は、1990年代半ばには一般社会に向けて発せられるようになり、90年代後半に入ると、学術的にも「性的欲望をめぐる現象」と

「性別をめぐる現象」とを独立の問題として考察する必要性を説く議論が紹介されるようになった」［杉浦 二〇一〇：七八―七九］。そうした時代の動向が『少年と少女のポルカ』からも見て取ることができるのである。作者の藤野も九八年の対談で、「性自認と性的指向は関係ない、それは基本としてあることだから」［藤野・松尾 一九九八：一〇八］と明言している。ただし、「一般社会に向けて発せられるように」なったとはいえ、そうした認識が実際に社会に定着したかどうかは別問題である。(1)

『少年と少女のポルカ』に戻ろう。作品の中盤では「Xデイ」、すなわち、ヤマダが学校にスカートを穿いてきて騒動になった日のことが語られる。大騒ぎする級友たちとは対照的に、トシヒコは無関心に振る舞うのだが、後日、話の成り行きで、学校にスカートを穿いて来る気になった理由をヤマダに尋ねる。そうすると、ヤマダは「だって穿かない理由がないんだもん、よく考えてみたら。穿いて来ちゃいけない理由じゃなくて、学校で穿かない理由。だから自分の問題。わかる？」と言う。それに対し、トシヒコは「わかるわけない」と即答する［藤野 二〇〇〇：八八］。このやり取りからも両者の差異が確認されるわけだが、トシヒコがヤマダの言う「自分の問題」に対して、「わからない」のではなく、「わかるわけない」というスタンスを取っている点に注意したい。それは実際に「わかる」かどうかの前に、あらかじめ「わかる」可能性を否定するものである。トシヒコはヤマダに対してだけではなく、他者の問題には無関心を決め込んでいる。他者に踏み込まず、また、他者には踏み込ませないことで、学校生活をサバイバルしているのである。しかしながら、それだけでは終わらない。テクストには「トシヒコはさっきヤマダの言った自分の問題というのは、ちょうど何年か前に、もう男を好きだということでは悩まないと決めた自分と同じようなものなのだろうか」とトシヒコにとっての「自分の問題」である性的指向に引きつけて「少しだけ考えていた」という一節もある［藤野 二〇〇〇：九二］。

こうした展開はこの箇所だけではない。最初にホルモン注射を打った時のことをヤマダが、トシヒコに「凄く痛かったんだけど、先生がね、身体の中で女性ホルモンが男性ホルモンと闘ってやっつけるって、子供にでもいい聞かせるみたいに、そう言ったのね。で、それを聞いて病院を出てから、凄く驚いたんだけど、はじめて自分が世界に溶け込んで行くような気がした。わかる……わけないか」と言い、トシヒコが「ああ」と応じるやり取りがある［藤野 二〇〇〇：八九］。このやり取りもトシヒコが好意を抱いている男子生徒と接点を持った日の帰り道に想起され、「周囲をたゆたう空気の粒子ひとつぶひとつぶが、はじめて自分に溶け込んで行くような気持ちに恍惚とし」、「ヤマダが言った世界に溶け込む感じとはこれなのかもしれないと思った」という再考へとつながっていく［藤野 二〇〇〇：九九］。このように、ヤマダの性自認の問題は、トシヒコ自身の性的指向の問題とは異なるという差異を前提としつつも、テクストにはトシヒコの目線で、ヤマダへのつながりが見出せる瞬間があるのだ。

これらは共感にもとづいたつながりと言えるものだが、ヤマダの小中学校の同級生であったタカギという男性からヤマダに投げかけられる侮蔑に対して、トシヒコが次のように反発する場面もある。

ヤマダと一緒にいることで明らかに蔑まれているとトシヒコは感じた。タカギはトシヒコを見えない人間のように扱うと、ヤマダに向かい横柄な口調で、なあ、お前、どうすんだよ、そんなになっちゃって、と言った。／「知ってるか、お前の家、息子がニューハーフになった家って近所で有名だぞ」／「うん」／ヤマダはあひるみたいな口をして小さく頷いた。／「学校帰りの子供が石投げてるぞ。呼び鈴押して逃げたりさ」／「うん」／「お袋さん泣いてるだろ。お前んち、姉さんもいるのに、弟がそんなじゃ結婚もできないじゃねえか」／「そうかな」／「そうに決まってんだろ」［……］たまりかねてトシヒコが口を挟もうとすると、ヤマダはトシヒコの袖を引いた。タカギはトシヒコの顔を見てもう一度薄く笑い、まあいいけどよ、と独り言みたいに言った。それから値踏みでもするようにヤマダの全身を隈なく眺めると、今度クラス会やるから絶対来いな、とヤマダの肩を強く叩いて立ち去った。さんざん悪口言ってクラス会でもないだろ、とトシヒコは憤慨して大きく舌打ちをした。タカギは同じ制服に身を包んだグループに合流して何やら大袈裟な身振りで説明しているようだったけれど、ヤマダが、行こう、と弱々しく言ったので、トシヒコは自分が腹を立てることでもないなと思い直した。［藤野 二〇〇〇：四九—五一］

タカギは「近所」の代表であるかのように、ヤマダのことを非難し、その一方で、ヤマダの高校の級友たちと同様に、ヤマダの身体には「値踏みでもするように」好奇心を向けてもいる。ヤマダのことは「わかるわけない」というスタンスを取っていたトシヒコではあるが、「ヤマダと一緒にいることで明らかに蔑まれている」と感じ、タカギの侮蔑的な態度に「憤慨」する。このような「憤慨」からも、トシヒコからヤマダへのつながりが読み取れる。なお、ヤマダの姉は無関心ながら「ヤマダの一番の理解者」［藤野 二〇〇〇：五七］のようでもあり、「根がお調子者だ」［藤野 二〇〇〇：五八］というヤマダの母親にしても、ヤマダのことで学校に呼び出されても別に泣くわけでもない。「近所」を代表するタカギの見解のほうがテクスト全体で否定されることになるのである。

以上のように、『少年と少女のポルカ』からは差異を前提としつつもつながりが見出されるのだが、それは同時期の日本に紹介されつつあった「クィア」という言葉の用法に重なるものである。『少年と少女のポルカ』と同年の一九九六年には「クィア」をタイトルに掲げた出版物がいくつか刊行されたが、それらを参照すると、「クィア」とはもともとは「おかま」や「変態」を意味する侮蔑語であったが、「その否定的なレッテルを逆手にとって、「オカマ」性や「変態」性を肯定していこうという思想のもとに掲げられた呼称」として用いられるもので［クィア・スタディーズ編集委員会 一九九六：五］、「「クィア」たちが固有の問題（ゲイならゲイの、レズビアンならレズビアンの状況と戦略の違い）を自覚しながら、他の「クィア」たちと可能なかぎりつながって」いくための、そして、「状況を変えていこうと願う人々の連帯の紋章」であると解説される［伏見 一九九六：七］。要するに、「クィア」という言葉には差異を含んだつながりの模索が期待されたのだ[2]。もっとも、当時も、このような用法でのみ「クィア」が紹介されたわけではない。同じ九六年の『ユリイカ』一一月号の「クィア・リーディング」という特集が示すように、読みの手法として「クィア」という言葉が用いられている。こうした意味合いでの「クィア」は、性をめぐる「安易な二項対立を認めない横断的思考や横断的現象と同義語である（脱構築的と呼ぶこともできる）」［大橋 二〇〇三：一九八］と説明されるものである。

『少年と少女のポルカ』に戻ろう。「連帯の紋章」としての「クィア」と比較すると、『少年と少女のポルカ』のつながりははるかに希薄なもので、トシヒコとヤマダが連帯して闘うというような展開にはならない。「自分の身体には不備があるのだからと、今のところは何でも諦めることができた」と自分自身に折り合いをつけているヤマダはタカギの態度に憤慨する気配もない。そうしたヤマダの反応を受け、トシヒコも「自分が腹を立てることでもないなと思い直した」ということになる。したがって、トシヒコからヤマダへのつながりが生じるとしても、ほんの一瞬のことなのである。とはいえ、たとえ一瞬で消え去ってしまっても、規範的な性のあり方を体現する側からの侮蔑に対し、各々の性自認や性的指向にかかわらず、憤慨や反発を共有しようとする瞬間があること自体が重要であり、見逃せないものである。『少年と少女のポルカ』のポイントとして、本章でもまずはそこに光を当てたい。

2 つながりの差異

第1節ではトシヒコからヤマダへのつながりの瞬間をたどったが、ヤマダからトシヒコへはどうだろうか。確かにヤマダからのつながりの萌芽のようなものが感じられる場面はある。ヤマダは「男」という言葉を自身に当てはめられるのが何よりも嫌で、「昔ずっと身にまとわりついて離れなかった吐きそうなほどの違和感を思い出す」のに、トシヒコに「男だろ、お前は」などと言われても嫌悪感に襲われないことについて不思議に思い、「この世界全部を嫌っているような、トシヒコの不愉快そうな物言いが小気味よいからなのだろうか」と考えてみる［藤野 二〇〇〇：四〇—四一、九〇］。「不愉快そうな物言い」とは他者との距離を保つトシヒコのサバイバルの仕方であったわけだが、その前提にはトシヒコが「この世界」の規範的な性のあり方（異性愛）と一致しないということがあり、トシヒコの性的指向にも感づいている様子のヤマダは［藤野 二〇〇〇：九二、一一〇］、そのことをどこかで察知していたのではないかとも推察される。しかし、当のヤマダは「わからない。でも考えるほどのことでもない気もする」と思考を停止する［藤野 二〇〇〇：四二］。「わかるわけない」というスタンスを取っていたトシヒコよりも、「わからない」と言い切るヤマダからのつながりははかないものになる。そもそもトシヒコとヤマダを視点人物にしているとはいえ、ヤマダを視点人物とした語りは少なく、トシヒコと比べて、ヤマダには語られない部分も多い。

それでは、もう一人の主要な登場人物であるミカコに関してはどうだろうか。トシヒコの「近所」

に対する反発は、ミカコをめぐっても見られる。難関の女子高に在籍しているミカコは、電車に乗れなくなり、高校に通えない状態にある。そして、そのことは「近所」の噂になっている。ここで「近所」を代表するのはトシヒコの母親である。トシヒコの母親は「ココロの病っていうの、シンケイショウ？」とミカコの病状を語るのだが、「すぐによくなるといいんだけどね、ってみんな言ってるところ」と心配を装いつつも、好奇心を露わにミカコの噂話をする。トシヒコは「みんなって誰」と違和感を示し、ミカコの「ココロの病」に好奇心を向ける「近所」の「みんな」は、おそらくトシヒコの性的指向にも同じような反応をすることになるだろうと予想する［藤野 二〇〇〇：二四―二五］。トシヒコはこの瞬間にミカコの問題を「自分の問題」に引き寄せて考えていることが読み取れる。

一方で、ミカコはトシヒコに好意を抱いているようだが、好きな男子生徒のことで頭がいっぱいのトシヒコはミカコの気持ちに気づく余裕はなさそうである。トシヒコが漕ぐ自転車の荷台にミカコが座り、危険な道を二人で爆走するといった場面もあるのだが、物理的な近さとは裏腹に二人の間の距離が際立つ。ミカコからのつながりという点では、ヤマダへのつながりのほうが感じられる。ミカコはトシヒコとの電話で話題に出たヤマダに対して興味を持ち、「会ってみたいな、その人」［藤野 二〇〇〇：九五］とトシヒコに告げる。ミカコの興味の理由や、トシヒコが電話でミカコにヤマダの何を話したのかについてテクストでは明示されないのだが、その日の昼にヤマダとトシヒコの会話で病院でのホルモン注射の話題が出ていたため、そのことが語られたのかもしれない。そして、その話を聞いたミカコは、病院で「よくわからない病名」［藤野 二〇〇〇：九四］をつけられている自身との重なりを感じたのかもしれない。また、ミカコはヤマダが抱くトシヒコへの好意に気づき、その点でもヤマダとの共通性を察知したのかもしれない。ミカコがヤマダに会ったら「好きな男の話でもする」［藤野 二〇〇〇：一〇三］

とトシヒコに言う場面もある。

あるいは、「家の周りを毎日自転車でぐるぐる回っている」［藤野 二〇〇〇：九五］というミカコ自身とは対照的に、ミカコにとってヤマダは学校や「近所」以外の場所へと自由に行き来できる人物として想像でき、そのため、関心が強まったのかもしれない。一方、ミカコはしだいにどこにも行けず、動けなくなる。確かにトシヒコと一緒に電車に乗る練習をし、駅の自動改札機を押し破ったり、そもそも自転車で近所を走ったりするところからは動き出そうとするミカコの気持ちも読み取れる。しかし、トシヒコとの練習はうまくいかず、作品の終盤では次のように語られる。

その後電話もかかってこなかったし、自転車で走り回る姿もすっかり見かけなくなったから、電車に乗れるようになって無事復学したんじゃないかと勝手に想像していたら、二月に入り、本屋のミカコちゃん、ガリガリに痩せちゃったの知ってる？　と母親に言われ、トシヒコは前と同じように少しだけ胸の痛む気がした。キョショクショウだとかセイジュクキョヒだとかニュウインだとか、母親からはそんな聞いたふうな言葉がつづき、またみんなで心配してるのか、とトシヒコは吐き捨てるように言った。［藤野 二〇〇〇：一一六］

ミカコが入院したらしいということについても、トシヒコは母親の噂話から知る。「キョショクショウだとかセイジュクキョヒだとかニュウインだとか」というカタカナ表記が暗示するように、このやり取りでもトシヒコは母親が持ち出す「聞いたふうな言葉」に違和感を示しているのだが、そのことが母親に伝わる気配はない。

ここで「キョショクショウだとかセイジュクキョヒだとか」という一節にもう少し立ち止まってみたい。摂食障害とジェンダーの関係性を考察する浅野千恵は、専門家が摂食障害の原因としてしばしば言及する「女性として成熟していくこと［の］拒否」という見解の背後に、「あるべき女性像」、「あるべき母性像」、「あるべき性別役割観」といったものが潜んでいることに着目し、そうしたものからはずれることを病理と位置づける専門家の見方そのものを批判する［浅野 一九九六：一九八―一九九］。『少年と少女のポルカ』の前半にも、ミカコが自転車で近所を走り回っていることに関して、トシヒコが「お前は子供かよ」と言うと、ミカコは「ううん、大人だよ」と「ひねた子供みたいな口調」で答えるというやり取りがあり［藤野 二〇〇〇：二八］、ミカコが「大人」と「子供」の間で揺れており、「セイジュクキョヒ」という周囲から当てはめられる見解と葛藤している様子がうかがえる。そして、「年頃の娘が家の周りを日がな一日自転車で走り回っているのはどうにもみっともない」という「家の人間」の「理屈」に対し、ミカコは「無視して出掛けるんだけどさあ」と「怒ったみたいに言った」という場面が続くのだが［藤野 二〇〇〇：三〇］、そこからは「年頃の娘」という「あるべき女性像」への反発も読み取れるだろう。

「セイジュク」や「セイジュクキョヒ」について、ほかの登場人物を視野に入れると、「子供の頃、放っておいても自分は将来大人の女の人になれるって思ってたんだ」［藤野 二〇〇〇：八八］というヤマダは、そうではないことがわかって、医療行為によって「大人の女の人」になろうとする。それは出生時に男性という性別を割り当てられた人に求められる成熟の仕方を、医療行為を利用しつつ主体的に拒否するということである。また、「セイジュクキョヒ」が議論される場合の望ましい「セイジュク」とは、異性愛主義的な文脈における成熟に他ならないものである。そうなると、ミカコ自身は異性愛への違和感を直接的に表明することはないものの、「年頃の娘」という「あるべき女性像」にミカコが反発するところには「この世界全部を嫌っているような」ゲイのトシヒコとの共通点も探り出せるかもしれない。しかしながら、トシヒコやヤマダとは異なり、ミカコは視点人物にはならず、テクストでミカコの内面はいっさい語られないということもあり、いくつか解釈を引き出すことはできても、ミカコから他の登場人物へのつながりは非常に曖昧なものにとどまっている。そして、ミカコは「近所」の噂話の中だけで語られる対象となり、最終的には町からいなくなってしまうのである。

3 侮蔑語の価値転覆と攪乱の暴力

第1節では『少年と少女のポルカ』のトシヒコからヤマダへの差異を前提としたつながりの瞬間に光を当て、第2節では登場人物の間で、そのようなつながりにも差異があることを確認した。ここで、第1節で触れた「クィア」という言葉の使われ方に再び目を向けたい。「クィア」が差異を含んだつながりを模索する言葉として用いられる前提として、もともと侮蔑語であった「クィア」という「否定的なレッテルを逆手にとって、「オカマ」性や「変態」性を肯定していこう」という価値転覆的な再定義の試みがあった。ジュディス・バトラーが「中傷的な呼称は、その呼称を投げかけられた人を、そのような存在として固定したり、身も凍りつく思いをさせる一方で、同時に、予想もしなかった新しい可能性をもつ応答も生みだす」［バトラー 二〇〇四：五］と述べるように、それは「クィア」という言葉を投げかけられた人々が、この言葉を自称として引き受け、意味づけなおし、「クィア」を侮蔑する側が当然視している性規範を問い返し、攪乱するという戦略である。しかし、誰もが侮蔑語の「身も凍りつく思いをさせる」効果をはねのけることはできないだろう。狭義の「クィア」とは異なるが、前節で取り上げた「セイジュクキョヒ」という言葉にしても、「セイジュクキョヒ」を病理化する見解の前提に潜む「あるべき女性像」へのミカコの反発は見られたわけだが、結局、ミカコは噂話の中で「そのような存在として固定」されてしまった。そこで第3節では、『少年と少女のポルカ』における性的マイノリティへの侮蔑語と身体の表象を俎上に載せたい。

『少年と少女のポルカ』では「クィア」という言葉が使われているわけではない。だが、英語圏で「クィア」がそうであったような侮蔑語は使われている。それは「ホモ」であり、「おかま」である。九八年に松尾寿子によって行われたインタビューによると、「ホモ」や「おかま」が侮蔑語であることを藤野は自覚したうえで作中に用いている。そして、「おかまもそうですが、「ホモ」の連呼が、結構いい味を出してたりもして」という松尾の楽観的な発言に対しては、藤野は「どうせ、そんなふうにしか世間は呼ばないんだろうという思いがありますから」と悲観的に応答している［藤野・松尾 一九九八：一〇四―一〇五］。そこからは、侮蔑語をあえて使うことで、規範を攪乱するという戦略よりは、むしろ「世間」に対する諦めのほうが強く見られる。ここでいう「世間」は『少年と少女のポルカ』の中の「近所」に重なるものだろう。

「ホモ」という言葉はテクストに散見される。例えば、「トシヒコはホモだということでは悩まないホモになると決めてから」［藤野 二〇〇〇：一二］といった箇所が示すように、トシヒコの目線で自称として用いられる。つまり、トシヒコは「ホモ」という言葉を自らに引き受け、「ホモだということ」で悩むはずだというステレオタイプ的な意味を拒んでおり、そこに「否定的なレッテル」の意味づけなおしが指摘できないわけではない。ただし、トシヒコがクローゼットの中のゲイであり、しかも、周囲に「敢えて波風を立てる」［藤野 二〇〇〇：六二］ことをしない人物であるため、「クボタってホモなの？」［藤野 二〇〇〇：九二］とヤマダがトシヒコに向けて使う一場面を除けば、トシヒコが他者から「ホモ」という言葉を投げかけられることはない。第1節で引用した箇所に、タカギがトシヒコのことを「見えない人間のように」扱ったという一節があったが、トシヒコの性的な差異はまさに「見えない」ものなのである。同時に、クローゼットから出れば、「波風」が立ち、「ホモ」という言葉も自身への侮蔑語として機能し得るだろうということもトシヒコは予期しているようである［藤野 二〇〇〇：二五］。なお、ほかの藤野作品を視野に入れると、トシヒコより性的指向が可視的なゲイ男性として設定されている『夏の約束』の松井マルオには「ホモ」という言葉は暴力的な侮蔑語の役割を果たしている。[3]

一方で、「おかま」という言葉は『少年と少女のポルカ』で侮蔑語として機能している。「おかま」は幅広い言葉であり、二〇〇一年にはその差別性を問う論争もあったが、当人の性自認や性的指向にかかわらず、女性的な男性を侮辱する言葉である［三橋 二〇〇四：二一六―二一七］。この作品における「おかま」の用いられ方を確認してみると、激しい侮蔑というよりはからかいの様相が強く、それゆえに厄介でもある。典型的なものとしては、クラスメートの一人がヤマダに「ちぇっ、いい気になるなよ、ただのおかまのくせに」［藤野 二〇〇〇：一八］と言い捨てる一節が挙げられる。また、ヤマダ以外でも、トシヒコが首をつっこむことになった生徒会長選挙の候補者のシマオカという学生について、「シマオカの風体に似合わぬ舌足らずな喋り方にどこからか、おかま、の野次が飛びみんな笑った」という場面もある［藤野 二〇〇〇：八五］。基本的には軽快でユーモラスに語られてはいるのだが、男子校というホモソーシャルな空間では、「おかま」は侮蔑語の度合いを強めていることがうかがえる。

さらに、ヤマダ自身も「うちの母親ねえ、私がおかまだっていうことは諦めてるんだけど、身の周りのこととかすごくうるさいんだよ、すぐ常識常識って。常識的なおかまってなんかへんだよね」とトシヒコに話す一節がある［藤野 二〇〇〇：一一五］。このような「おかま」の使い方は、確かに「結構いい味を出して」いるかもしれないが、「自分のことを間違った身体に生まれた女だと思って」おり、「男と見做されることは何よりも苦痛なのだった」［藤野 二〇〇〇：三八］というヤマダにとっては、あくまでも「男」であることを前提とした「おかま」という言葉は受け入れがたいはずのものである。それでもヤマダは「おかま」を自称として引き受けているのだが、そこには「自分の身体には不備があるのだからと、今のところは何でも諦めることができた」という一節、あるいは、藤野の「どうせ、そんなふうにしか世間は呼ばないんだろうという思いがありますから」という発言とも通じる諦念が感じられる。

ヤマダが周囲の人々から「おかま」と呼ばれるのは、「見えない人間のよう」なゲイのトシヒコとは異なり、その性的な差異が可視的なためである。「Xデイ」とも呼ばれるスカートを穿いて登校した日のことが印象的に語られてはいるが、ヤマダの可視性は服装だけではない。「べつにどうでもいいのだったけれども」と無関心を決め込むトシヒコの目線で「大体、女、女とうるさい割に、ヤマダの仕種は過剰に女らしくてちっとも女になんか見えはしなかった」と述べられ、そのようなヤマダの様子は「古典芸能か何かみたい」なものにたとえられる［藤野 二〇〇〇：三七］。ヤマダを特徴づける「へんな裏声」［藤野 二〇〇〇：三四］にしてもそうなのだが、「おかま」を自称するヤマダは「女」を「過剰に」演じており、そのような振舞いによって、ヤマダにとって「世間」を代表する学校に「波風」が立てられ、「ここは男子校だ」［藤野 二〇〇〇：七六］とヤマダに退学を促す教師の発言が示すように、それまでクラスメートや教師たちが当然視していた性規範が攪乱されることになるのである。しかしそうであったとしても、そうした攪乱の結果、ヤマダは学校では他の男子生徒からの性暴力を受けやすく、「近所」では有名になり、子供たちからは家に石を投げられるという状態に陥っている。規範というよりも、むしろヤマダのほうが暴力に晒されて、攪乱されてしまうのである。作品の終盤でヤマダは次のように語られる。

ミカコの姿が町にないと気づいた同じ頃、ヤマダの姿も学校から突然消えた。といっても一週間ほどでヤマダは戻って来たのだったけれども。戻って来たヤマダはギブスを嵌めた右腕を吊り、顔の真ん中に大きな絆創膏を張りつけていた。ヤマダは多くを語らなかったが、どうやら複数の人間から痛めつけられたらしいことはその日のうちに知れた。ただ、その複数の人間がどこに所属する人間なのかトシヒコは知らない。ヤマダは見た目こそ痛々しかったけれど、とくに精神的に参っているふうはなかった。相変わらずスカートを穿きつづけていた。［藤野 二〇〇〇：一一六―一一七］

第2節で触れたように、ミカコにとってヤマダは学校や「近所」以外の場所を知っており、自由に動ける人物として想像できたかもしれない。しかし、そうした空間もヤマダにとってはけっして安全な場所ではないのである。

ここまで述べてきたように、ヤマダへの暴力を誘発したのはその過剰な女性性＝可視的な性的差異であったと推察される。前記の引用では「ヤマダは見た目こそ痛々しかったけれど、とくに精神的に参っているふうはなかった。相変わらずスカートを穿きつづけていた」とも述べられており、別の箇所だがトシヒコがヤマダのことを「案外しぶとく居座って卒業するのかもしれない」［藤野 二〇〇〇：九七］

と予想するように、ヤマダはさまざまな困難をも乗り越えて、しぶとく生き延びることができる人物であるかのような語られ方をしている。そうしたヤマダのしぶとさに希望を託す読み方もできるだろう。しかし、ヤマダが「自分の身体には不備があるのだからと、今のところは何でも諦めることができた」という一節をもう一度思い起こすと、たとえそれがヤマダのサバイバルの仕方であったとしても、「とくに精神的に参っているふうはなかった」という様子の背後には、受けた心身の傷を傷としてさえ受け止めない／受け止められないヤマダの姿が見えてくるのである。ヤマダ自身は気づいていないかもしれないが、攪乱に伴う暴力を受け続け、破壊されかねない身体にヤマダは徐々に近づいていることがテクストからは読み取れるのである。

おわりに

以上、藤野千夜の『少年と少女のポルカ』を「クィア」という言葉の用法と関連づけつつ読んできた。「クィア」に託された差異を含むつながりの模索という可能性は、連帯や共闘という形ではないとしても、『少年と少女のポルカ』からも瞬間的に見出せるものであった。同時に、誰から、どれくらいのつながりが感じ取れるのかという点でも差異があった。一方で、「クィア」という侮蔑語を価値転覆的に再定義することで、規範の側を攪乱するという戦略に関しては、それに該当する箇所が『少年と少女のポルカ』にもないわけではなかったが、ヤマダの身体の表象のされ方を通して、テクストでは規範の攪乱に伴う暴力のほうが際立つことを示した。このように、差異を含むつながりの模索、価値転覆的な再定義という「クィア」の二つのポイントとの対応は『少年と少女のポルカ』にもそれぞれ指摘できたわけだが、テクストでは「ホモ」や「おかま」という侮蔑語の再定義によって、つながりの構築が目論まれるわけではないため、『少年と少女のポルカ』の読みを通して、この二つのポイントの関係性を考察することは難しい。だが、侮蔑語を自称として用いつつも、「波風」を立てず、攪乱の暴力を比較的上手に回避するトシヒコからのつながりと比べると、侮蔑語を引き受けることで暴力に晒されることになるヤマダからのつながりがぼんやりとしか語られていないということからは、規範の攪乱に伴う暴力をうまく回避することができるかどうか、あるいは、乗り越えることができるかどうかが、差異を含んだつながりの実現のための暗黙の条件になっているということがうかがえる。といっても、もちろん、性的な差異を可視化せず、「波風」をできるだけ立てないようにするほうがいいということを本章で言いたいわけではない。そうではなく、「クィア」という言葉による差異を含んだつながりの模索の前提に潜む、攪乱の暴力という問題を再検討する契機が、『少年と少女のポルカ』の読みを通して見出せるということを本章では重視したいのである。

ここまで取り上げてきた攪乱という論点について、近年の動向と関連づけ、最後にもう少しだけ触れよう。二〇一〇年代の日本社会では、規範的ではないとみなされる性を生きる人々が固定的で、はっきりとした境界線を持ったマイノリティとして語られ、また、自らそのように語り、マジョリティの価値観や規範を根本的なところで攪乱しない限りで、「多様性」や「個性」の一つとして社会へ包摂される傾向が強くなった。「LGBT市場」への注目や「LGBT」がダイバーシティの指標としてビジネスの領域で喧伝される状況がこうした動きを端的に示している。(4)そのような現状への介入として、九〇年代に「クィア」という言葉を通して試みられた規範の攪乱の政治的可能性が再注目されるべきものであることは間違いない。だがそうであるからこそ、その試みに伴う危うさをも見過ごさないことが、現在、クィア・スタディーズの領域で身体について考察するうえでは重要な課題になるのではないか。軽快でユーモラスな語り口を通して、『少年と少女のポルカ』はこのような今日的課題を提示しているのである。(5)

＊本章の『少年と少女のポルカ』からの引用は講談社文庫版(二〇〇〇年)に拠った。初出の『海燕』(一九九六年二月号)、一九九六年刊行の単行本をも参照した。

注

(1) 年代はやや下るが、二〇〇〇年の芥川賞受賞後に作家の黒井千次と藤野が行なった対談で、黒井は『夏の約束』に登場するゲイ男性のマルオについて「〝彼〟と呼ぶか、〝彼女〟と呼ぶかということは微妙な問題でしょう」と述べ、「まあマルオは〝彼〟でもいいかと思うんですけど」と藤野に訂正されている。また、藤野の性自認に関しても、黒井が「その後いわゆる普通の男として成長した人間だって、男の子が男の子に対して特殊な感情を抱く時期というのはあるでしょう」と発言し、藤野が「そういうのとはちょっと違いますね」と否定するというやり取りがある［藤野・黒井 二〇〇〇：四一、四三］。もっとも、こうした性自認と性的指向の混同はこの時期だけのものではなく、二〇一〇年代に入っても、『少年と少女のポルカ』のヤマダを「同性愛者」と呼ぶ批評もある［伊藤 二〇一六：二六七］。

(2) 跡上［二〇〇二］では、このような意味合いで、藤野千夜の『夏の約束』が「ちょっとクィア」と位置づけられる［跡上 二〇〇一：一三八］。

(3) 「自分から宣言したことなど一度もなかったのに、どこに行っても決まってゲイだとバレている」マルオは「松井ホモ」という「幼稚な落書き」を会社のトイレで発見する。その落書きの幼稚さゆえに、「不思議と生きる勇気が湧いてくる」ともいうのだが、他者から身を守るために過食し、「皮下脂肪をため込ん」だ「弾力のあるからだを構築」するマルオは、暴飲暴力→腹を下す→トイレで落書きを見るというスパイラルにはまりこんでいる［藤野 二〇〇三：五八―六〇］。ヤマダの場合と同様、本人が気づかぬうちにマルオの身体にも負担がかけられていることがテクストからは読み取れるのである。

（4）近年の文学作品を題材にこうした問題を検討したものとして、黒岩［二〇一六］がある。

（5）本章への補足として、『少年と少女のポルカ』キノブックス文庫版（二〇一八年）に収録された「六月の夜Ⅰ」と「六月の夜Ⅱ」という二つの続編についても言及したい。「六月の夜Ⅰ」は二〇〇六年の設定であり、トシヒコがヤマダと偶然に再会する。ヤマダは女性としてパスしており、もはや周囲の人々を攪乱する気配はない。そして、かつてのヤマダのようなふざけたノリをしながらも、トシヒコへの気遣いや高校時代にはなかった傷ついた表情をもトシヒコに見せる。二〇一八年の設定である「六月の夜Ⅱ」では、トシヒコとミカコの再会が綴られる。ミカコは依然として生きづらさを抱えながらも、かつてその「姿が町にない」と言われた町で現在も生きている。一方、トシヒコはその町を離れ、パートナーとの生活を築いているが、『少年と少女のポルカ』でも予期されるように、実家との折り合いはあまり良くない。トシヒコの性的指向のことをすでに知っているミカコから「シュンちゃん［トシヒコのこと］はどう？　生きづらい？」と聞き返されたトシヒコが「なんとかやってる」と返答するように［藤野 二〇一八：一四二］、それぞれの「自分の問題」は大人になったからといって完全に解決されるわけではないのだが、それでも「なんとかやってる」三人の未来の姿が二つの続編からは読むことができるのである。

参考文献

浅野千恵［一九九六］『女はなぜやせようとするのか――摂食障害とジェンダー』勁草書房。

跡上史郎［二〇〇二］「クィア――藤野千夜『夏の約束』」『國文學　解釈と教材の研究』四六（三）、學燈社、一三七―一三九。

伊藤氏貴［二〇一六］「同性愛者の誕生＝同性愛文学の死―― LGBT批判序説」『文學界』七〇（三）、文藝春秋、二四四―二七二。

大橋洋一［二〇〇三］「クィア理論［ほか］」竹村和子編『〝ポスト〟フェミニズム』作品社、一九八―一九九。

クィア・スタディーズ編集委員会［一九九六］『クィア・スタディーズ'96――クィア・ジェネレーションの誕生！』七つ森書館。

黒岩裕市［二〇一六］『ゲイの可視化を読む――現代文学に描かれる〈性の多様性〉？』晃洋書房。

斎藤美奈子［二〇〇〇］「解説」藤野千夜『少年と少女のポルカ』講談社文庫、講談社、二〇七―二一五。

杉浦郁子［二〇一〇］「レズビアンの欲望／主体／排除を不可視にする社会について――現代日本におけるレズビアン差別の特徴と現状」好井裕明編『セクシュアリティの多様性と排除』明石書店、五五―九一。

バトラー、ジュディス［二〇〇四］『触発する言葉――言語・権力・行為体』竹村和子訳、岩波書店。

藤野千夜［二〇〇〇］『少年と少女のポルカ』講談社文庫、講談社。

――［二〇〇三］『夏の約束』講談社文庫、講談社。

――［二〇一八］「六月の夜Ⅱ」藤野千夜『少年と少女のポルカ』キノブックス文庫、キノブックス、一三一―一四五。

藤野千夜・黒井千次［二〇〇〇］「性差を超えた世界を描く」『文學界』五四（三）、文藝春秋、三〇―四六。

藤野千夜・松尾寿子［一九九八］「キュロットとスカートはどう違う？」『ユリイカ』三〇（二）、青土社、一〇二―一〇九。

伏見憲明［一九九六］『クィア・パラダイス――「性」の迷宮へようこそ』翔泳社。

三橋順子［二〇〇四］「おかま」井上章一＆関西性欲研究会編『性の用語集』講談社現代新書、講談社、一一一―一一八。

第七章 エイズをめぐる表象のポリティクス

映画『ゼロ・ペイシェンス』を読む

河口和也

はじめに

アメリカの大都市におけるゲイ・コミュニティで、ゲイ男性がある「奇病」により死亡しているという報告がされたのは、一九八一年のことであった。その「奇病」とは、のちにＡＩＤＳと名づけられ、ＨＩＶ（ヒト免疫不全ウィルス）というウィルスによって感染するということが明らかになった。八〇年代から九〇年代にかけて、エイズ問題は深刻化していった。そして、この病気は、ゲイをはじめとするさまざまな社会的マイノリティの集団やコミュニティを直撃し、大きな打撃を与えることとなった。社会的マイノリティを中心として、感染数を増大させていき、またエイズを発症する人の数も増加していった。このように、エイズ問題はマイノリティ集団を中心として拡大していったが（あるいはそれゆえに）、行政による効果的な対策は依然として取られることはなかった。背景として、特に欧米のいくつかの国では経済的に不況に陥り、政治的対応として、保守的な政権が台頭したことが挙げられる。例えば、八〇年代といえば、アメリカではレーガン大統領が、イギリスではサッチャー首相が政権を担っていた。いずれもネオリベラリズム的な政治手法で、施策を行っていた指導者であった。そのために、エイズに対しては「無策」といっていいほどの対応しかなされなかった。そのあいだに、HIV感染は広がっていき、感染者やエイズ患者が増えていったのだ。

エイズ問題が注目され、世界的な対応を迫られて以来、すでに三〇年以上の年月が経過した。当初はときの政権による対応が遅れたために、エイズ問題は深刻化したものの、その後、エイズはマイノリティだけの病気ではなく、マジョリティにもかかわる病気であるということがわかり、政府組織や非政府組織などをはじめとするさまざまな機関の予防やケアの取り組み、医学的な研究の発展により発症を遅らせることのできる新薬剤などの開発により、当初語られていたような「死に至る病」という意味で受け取られることがなくなっていった。

このような経緯のなかで、実際にHIV感染者数が減少していったかといえば、そうとも言えない。特に男性の同性間性的接触による感染は、依然として減少していないのである。これまで策が講じられなかった時代にも、ゲイのコミュニティは、例えば「セイファー・セックス」という実践を開発し、コミュニティのなかの一つの規範として作り上げてきた。そして、自助努力するコミュニティ組織やNGOなどが出現し、コミュニティに対するさまざまなサポートをすることにより、少なくともゲイ・コミュニティでは、予防知識などの情報や抗体検査の機会、さらにエイズ患者へのケア・サポートなどは、他の集団に比較すると、より多くのものが提供されていたといえる。しかし、それでも、それほど簡単には感染者数は減少しなかった。このような状況から、エイズ危機の初期にはもちろんのこと、その後も「ゲイ＝エイズ」というエイズをゲイ化する言説が広がり、同性愛者に対するスティグマを強化することとなった。スティグマは、適切な医療提供や予防対策の進展を妨げることになったが、それだけでなく人々の意識形成にも大きく影響した。

エイズは治療ケアを必要とする医学的な対象であったが、他方で社会的にはエイズという病気自体やそれをめぐる「エイズ問題」は表象の問題でもあった。ＨＩＶというウイルスは何なのか、ＨＩＶ感染とはどのような状態か、またエイズはどこからやってきたのか、人々はそうしたエイズをどのようにとらえているのかということの表現をめぐる問題であったのだ。その意味で、表象の問題であるともいえる。この病気がどのように表象されるかということは、人々の意識や生活に深くかかわっており、したがってその表象はきわめて政治的な領域を形成しているのである。それは、現在も進行中の新型コロナウイルスがもたらしている社会状況を見ればわかるだろう。

エイズ表象に関しては、一九八〇年代においては、エイズを「暗いもの」として描くスタイルが一般的であったが、カナダの映画監督ジョン・グレイソンJohn Greysonはこのエイズ表象に変革をもたらした。暗く描かれがちであったエイズを「ミュージカル」という表現スタイルを用いることで描き出した。それが映画『ゼロ・ペイシェンス　Zero Patience』である。本章では、映画『ゼロ・ペイシェンス』を素材として取り上げ、この映画が製作されたころにレズビアン／ゲイ・スタディーズを批判的に継承するアカデミズムのなかで提唱されたクィア理論に依拠しつつ、そこでＨＩＶ／エイズがどのように表象されているかを切り口にしながら、ＨＩＶ／エイズが社会にもたらした諸問題を明らかにしていくことを目的とする。

1 クィア理論とHIV／エイズ

(1)「クィア」の起源？

映画批評家のB・ルビー・リッチは、一九八九年にニューヨークで開催されたレズビアン／ゲイ映画・ビデオの上映会において、はじめて「クィア」という言葉を使ったという。なぜ、この言葉を使用したのかという理由は、当時アメリカ社会ではエイズ問題の深刻化の途上であり、エイズ活動団体であるアクトアップが運動を展開し始めたころであり、そのポリティクスのあり方と関連していたからである。エイズ問題は、ゲイのコミュニティに大きな打撃を与えていたのは確かだが、それ以外にも他の社会的マイノリティにも影響を及ぼしていた。アメリカでは、そのころエイズは「4H」にかかわる病気とされていた。その「4H」とは、Hの文字で始まるアメリカのいくつかの社会的マイノリティ集団で、それらは、同性愛者(homosexual)、血友病患者(hemophiliac)、薬物使用者(heroin addict)、移民(Haitians)であった。エイズはその問題の出現当初には、まず、社会的マイノリティに打撃を与えた病気であったため、当時のアメリカ大統領、ロナルド・レーガンは迅速には対応せず、むしろ無策を決め込んでいたのである。そのようななか、エイズ問題に関しての直接行動団体として立ち上がったのが「アクトアップ ACT UP」というエイズ活動団体だった。このような背景から誕生したといういきさつから、さまざまな社会的マイノリティを横断する連携・連帯を模索した。

ニューヨークの上映会で受けた刺激をもとに、一年後の一九九〇年二月に、勤務していた西海岸の大学であるカリフォルニア大学サンタクルーズ校で「クィア理論 Queer Theory」というタイトルの学会を開催したのが、テレサ・デ・ラウレティス Teresa de Lauretisである。そこでのいくつかの発表を含む研究成果は『ディファレンシズ（differences）』の特集号（九一年夏号）として刊行されている。この会議は、もともと「変態的」「倒錯的」という侮蔑的な意味を表す「クィア（queer）」という言葉を積極的・肯定的に取り入れ使用することで指示対象を置換し、ジェンダー／セクシュアリティをめぐるさまざまな権力構造（中心／周縁、規範／逸脱など）を攪乱／転覆しようという指向性をもっていた。「クィア」という用語を使うことによりデ・ラウレティスが目指したことは、次の四点にまとめることができるだろう。①レズビアン／ゲイ研究が有していたアイデンティティ指向に対する批判、②ジェンダーの（権力的）非対称性による階層秩序の問題化、③セクシュアリティに対する焦点化によって見落とされる人種・階級（・ジェンダー）などとセクシュアリティとの交差（intersection）という視点、④異性愛／同性愛の二元論的考え方によって排除されてしまう両性愛やトランスセクシュアリティに対する視点を含めるような非二元論的思考、である。

デ・ラウレティスは、「クィア」という言葉を用いた狙いについて次のように述べている。

一九九〇年に私は学会を主催しましたが、その当時、合衆国ではよく「ゲイとレズビアン」という表現が使われていました。それはひとつの固まり、あるいは集団という意味で使われていました。全くゲイのセクシュアリティとレズビアンのそれとの間に差異がないかのように使われていたのです。私はそれを問題化したかったのです。学会ではそのような差異について話す機会をもちたいと思っていました。とくにゲイとレズビアンの様々なセクシュアリティーズについて話題にしたかった。それがどのようにそれぞれの歴史にかかわっているかについて。ゲイとレズビアンがそれぞれもっている歴史について考えたかったのです。あえてそれを分けて考えたいと思いました。例えばレズビアンたちはいつもフェミニズムにかかわってきました。あるいはフェミニズムの理論や歴史にかかわっていたのです。ですからレズビアンたちは文学や小説あるいは女性の歴史について書いていました。しかし、ゲイ・スタディーズでは主に社会学や歴史学に重点を置いていたわけです。

そして、そのときには人種という問題も入れながらということでした。というのも合衆国ではその問題はきわめて大きなものであったからです。私にとっては、人種とセクシュアリティの関係について話すのが重要でありましたし、さらにジェンダーも含めて話したかったのです。ですから、私にとってクィア・セオリーというのは、その言葉をもってそうした問題について話すことができるような概念なのです。［風間 一九九七：一二三］

ここで重要な点は、これまで「レズビアンとゲイ」という表現により、常に「とand」という接続詞で結び付けられてきた同性愛者であったが、ジェンダーによる（権力の）非対称性によってレズビアンとゲイは「異なる」社会状況に置かれていること、すなわち「差異」をこの「クィア・セオリー」という名称でラウレティスは問題化したかったということだ。その「差異」はレズビアンとゲイがこれまで歩んできた歴史に根差しているということでもある。問題は、「レズビアンとゲイ」というときに、「互いの性の歴史、幻想、欲望、理論化の方法論」について十分に理解されないままに、この表現が使用されており、またこの方法論のなかに、ジェンダーや人種・エスニシティの「差異」の軸を入れて考えることの必要性を主張している。

ジュディス・バトラー（Judith Butler）は、それまでのフェミニズムが前提としていた一枚岩的な「女」というカテゴリーやアイデンティティを批判的に検討することで、フェミニズム運動のなかに、レズビアニズムやセクシュアリティの枠組みを入れることにより、従来の一枚岩的にとらえられていた「女」というカテゴリーを書き換える方向に向かい、これまでの語られ方を攪乱した。

レオ・ベルサーニというゲイのフランス文学理論研究者は、「直腸は墓場か？」という論文のなかで、エイズの時代に生きるゲイたちのアイデンティティを、当時ＨＩＶの感染源として忌避されていたアナルセックスはむしろその強固なアイデンティティや自我というものを崩壊させる、あるいはそれらを葬り去る場所であると考察している。

（2）クィアと政治的連帯

すでにアメリカでは、一九八一年、ゲイが亡くなるという「奇病」としてエイズが知られ始めたころに、劇作家のラリー・クレイマーらが「ゲイメンズ・ヘルス・クライシス Gay Men's Health Crisis」というサポート団体を設立し、ＨＩＶ感染者やエイズ患者の生活を支援していた。当初は、感染者や感染を心配する人たちに対する電話相談やさまざまな情報提供、ケア支援などを行っており、コミュニティにおける自助グループ的な活動を担っていた。したがって、政府や製薬会社などに対しては穏健な立場をとっていたのである。しかし、設立者のなかには、深刻化するエイズの状況を前にして、そうした穏健な対応だけでは不十分であると考える人もいたのである。当時アメリカのレーガン政権は、エイズに対しては無策・無理解を決め込んでいたために、国家や政府に対しては、過激な方法を用いても自分たちの要求を突きつける必要があったのだ。そこで、一九八七年にニューヨークで、「アクトアップACT UP（AIDS Coalition to Unleash Power）」というエイズ活動団体が設立された。先のラリー・クレイマーは、「ゲイメンズ・ヘルス・クライシスGay Men's Health Crisis」を辞め、アクトアップの活動を始めた。この際のいきさつは、クレイマーが作った『ノーマル・ハート（Normal Heart）』という劇作品のなかでも描き出されている。

直接行動団体という運動形態や役割を担っていたアクトアップの方法は、デモをしかけたり、場所を占拠するというようなある種「過激」なものであった。また、アクトアップは国内外に多くの支部を設立して、エイズ問題における全国的および国際的な運動を展開した。

エイズ問題を中心に幅広い（政治的）連帯を形成しつつ運動を展開していたアクトアップから、同性愛嫌悪（ホモフォビア）を中心に運動を展開する団体が結成され、アクトアップから分離された。それが一九九〇年に結成された「クィア・ネーション Queer Nation」である。美術批評家のダグラス・クリンプDouglas Crimpは、クィア・ネーションが設立されたときの状況を次のように説明している。

クィアがますます目に見える存在になってくると、私たちに対するバッシングもますます激しくなったのだ。私たちは担うべきエイズの闘いという荷が重すぎるために、アクトアップはもうホモフォビアと闘うことができなくなっていた。それは、休むことのない闘いであり、新しく結成されたクィア・ネーション（Queer Nation）によって担われた闘いであった。私はこの要約された経緯をあまりにも単純化することはしたくない。クィア・ネーションは、アクトアップからクィアの人々もクィアネス（queerness）も取り去ってはいかなかった。しかし、少なくとも象徴的には、それによってエイズをめぐるクィアではない、あるいはクィア以上の問題に目を向けるこ

とへの変化が可能になった。[Crimp 1993: 316]

では、エイズがいかにして、クィア理論の起爆剤となったのか。多くの研究者は、エイズがアイデンティティ、権力、知識の概念を変容させるのに影響を与えたと考えている。エイズは、それがまだエイズと確認される前から、「ゲイの奇病」あるいは「ゲイの癌」と呼ばれ、その病気はゲイ男性と緊密に結びつけられ、そうしたなかで語られ、表象され、「男性同性愛者の病気」とされたのだ。その意味で、クリンプは、「エイズとは、それを概念化し、表象し、対応する諸実践とかけ離れて存在することはできない」と述べている。[Crimp 1987: 3] また、医学史研究家のポーラ・トライクラーも、「エイズという疫病は、生物学的かつ医生物学的であるだけでなく、文化的かつ言語学的なものである」という [Treichler 1999: 1]。メディア研究家のジョシュア・ギャムソンは、「エイズ活動家は、エイズがゲイの病気であり、他方で自分たちの活動と指導力をとおしてエイズをゲイの病気として取り扱うことになるという考え方を同時に廃絶しようとしていることを自覚している。」と言っている [Gamson 1989: 356]。つまり、エイズは、実際にはゲイ男性だけの病気ではないが、しかし、その活動や支援の牽引・指導力においては、ゲイ男性が直面する問題としても語っていく必要があったということである。

2 映画『ゼロ・ペイシェンス』をクィア理論で読む

(1) 映画監督ジョン・グレイソン

ジョン・グレイソン監督は、一九六〇年にカナダ生まれた。作家、ヴィデオ・アーティスト、映画監督、プロデューサー、アクティヴィストなど、その仕事では多様な面をもっている。映画作品としては、日本で公開されたものは「ゼロ・ペイシェンス（日本語タイトル「世界で初めてエイズに冒された男」）」「リリーズ（日本語タイトル「百合の伝説」）」の二本のみだが、他に多数の作品があり、これまでも高く評価されてきた。映画作品の多くが、ゲイやクィアをテーマにしたものも多く、「ニュー・クィア・シネマ」というジャンルに含められることも多い。「ニュー・クィア・シネマ」とは、映画批評家のB・ルビー・リッチが一九八〇年代終盤に、クィアをテーマとしたインディペンデント映画の動きを表すためにつけられたジャンルの呼称である。こうした呼称それ自体が、北米のアカデミズムのなかで「クィア理論」がテレサ・デ・ラウレティスの呼びかけにより開催された会議に用いられ、まさにクィア理論あるいはクィア・スタディーズの始まりの時期に呼応して使用され始めたものであることが容易に想定できる。

主に北米の新聞では、一九八七年ごろに、カナダ人の客室乗務員が「北米にエイズを運びこんだ張本人」であるという報道が行われた。まさにエイズの一号患者よりも前に、そういう人が存在していたということから、「エイズのゼロ号患者」と呼ばれ、エイズを北米社会にもたらしたことが非難されたのである。つまり、北米ではこの「ゼロ号患者」が「ＨＩＶ感染／エイズの起源」として構築されてしまったことになる。社会では、この人物をめぐり、さまざまな物語が作り出された。そのなかには、「ゼロ号患者」はゲイであり、客室乗務員であるという仕事柄から世界中を飛び回り、交友関係も広く、仕事で行く先々で「乱交的なセックス」を繰り返し、享受していたという物語が語られるようになった。まさに、こうした感染症における起源探し、エイズの起源探しの事実や問題に、映画という表象を通じて切り込んだのがジョン・グレイソンであったのだ。

(2)『ゼロ・ペイシェンス』のストーリー

時代設定は現代で、カナダにある自然史博物館に、イギリスのヴィクトリア時代の性科学者であるリチャード・フランシス・バートンが働いている。となると、バートンの年齢はすでに一七〇歳くらいになるのだが、その若さは、一八九二年にたまたま遭遇した「若返りの泉」の力で保持されているのだ。自然史博物館の館長から、バートンは博物館の「疫病展示室」の目玉展示になるような展示物を探すよう命令される。そこで、かれは北米にエイズを持ち込んだ「最初の人物」とされている「ゼロ号患者　ペイシェント・ゼロ」をメインにしたエイズの展示を思いついたのである。

映画のなかでは、その名も「ゼロ」と呼ばれるゼロ号患者は、すでに亡くなっているが、幽霊として現れることになる。霊界のプールに飛び込んだが、気が付くとそこは生前の現世にあるゲイサウナの風呂のなかであった。幽霊であるゼロの姿は、世間の人々には見えなくなっている。かつてのゼロの恋人ジョージにもその姿は見えていないのだ。

バートンはといえば、撮影用のカメラをもって、かつてゼロが通っていたサウナに潜入する。展示用のビデオ製作をするためだ。また、ゼロにゆかりのある人たちにも、ゼロについてのインタビューを行った。そうしたなかで撮影されたビデオフィルムをバートンは編集することになるのだが、それはセンセーショナルに語られたゼロの生前の姿に言及した部分をつぎはぎしたものであり、その映像が、展示企画に資金援助をしてくれる製薬会社でのプレゼンテーションで流されてしまう。そこで描き出されていたゼロの姿は、色情狂で故意にＨＩＶを感染させた殺人鬼のようであった。

マリーはゼロのかつての同僚であるが、彼女とその仲間たちは、アクトアップというエイズ活動団体で活動していた。アクトアップの活動の場に、バートンは協力を得ようと赴くことになるが、展示企画にスポンサーとしてついている製薬会社の拝金主義に対する反発から、協力も拒絶され、その場から追い払われてしまう。バートンは、アクトアップのメンバーの一人であり、かつてのゼロの恋人であったジョージのあとをつけ、そこで偶然居合わせたゼロにバートンも出会うことになる。ゼロの姿をバートンは見ることができたのだ。バートンは、ゼロを展示企画に参加させようとして、博物館に連れ帰る。

その後、バートンは、アクトアップの会議に参加するが、「展示は偏見や非難を助長するものである」とマリーは批判する。しかし、ジョージは、自分たちの活動に対しても疑問を抱いていた。エイズで亡くなってから一号患者よりも前に存在したゼロ号患者として「汚名を着せられた」ゼロは、その汚名を返上したいと考えていた。そこで、ゼロは、汚名返上のためにバートンの展示に協力しようとする。

ゼロとバートンは、博物館でゼロの血液を顕微鏡で見ることになる。血液のなかに、さまざまなウイルスとともにミスＨＩＶがいることを発見し、それに話しかける。二人は、エイズの原因がＨＩＶかどうかをミスＨＩＶに尋ねる。ミスＨＩＶは、科学的にはまだ証明されていないと返答する。そして、ウイルス性の液体をゼロにかけると、それまで見えなかったゼロの姿が五分間だけ見えるようになった。そして、そのあとはまた見えない状態に戻ってしまったのである。

ミスＨＩＶの言葉を聞き、バートンはそれまでの企画を考え直し、展示の企画目的を、ゼロの汚名返上に据えたいと館長に願い出た。そんななか、ゼロ自身は、結局、自分は幽霊のままでしかないことに失望し、バートンのもとを去る。

その後、バートンとゼロは愛し合っていることに気づく。そして、互いに助け合わねばならないと考えた。しかし、館長は、展示用のビデオをマスコミに対して公開するといい、バートンへの承諾もないままに、マスコミに公開してしまった。そして、ゼロ号患者の「神話」は世界中のメディアによってセンセーショナルに報道されることになる。

夜になって、マリーと活動家の仲間たちは、博物館に侵入し、展示室の展示をすべて変えてしまった。活動家たちが立ち去った後、ゼロはバートンに「僕はわかった。君も、そして誰も僕を見えるようにはできない。手助けしてくれ」という。ゼロが展示室に向かうと、ディスプレイが動き出し、ゼロは自分の世界に帰っていった。その後、ディスプレイは崩壊し、変わり果てた展示室を眺めるバートンがそこにいた。

3 表象をめぐるポリティクス＝文化

(1)「自然」の展示：自然史博物館

『ゼロ・ペイシェンス』において、主人公の一人であるリチャード・バートンが働いているのはカナダの「自然史博物館」である。この自然史博物館で疫病展示室の新しい目玉として、北米にエイズを持ち込んだとされるゼロ号患者の展示を思いつく。そのために、ゼロ号患者であるゼロに接近し、またゼロの周囲の人々からさまざまな情報を収集する。自然史博物館では、「博物学」の方法にしたがって自然に存在するものを収集し、分類し、展示をする役割を果たしている。博物学者であり、実証主義者であるバートンは、ゼロの母親や主治医、さらに友人のところへ赴き、かれのことについてインタビューを行う。最終的に、そのフィルムは、展示のために都合のいいように編集され、ゼロは乱交好きで、いろいろな男たちとセックスをしまくり、それでＨＩＶを広めたと表象されてしまう。

また、自然史博物館の疫病展示であるアフリカ・ミドリザルの前でゼロとバートンが話していると、それを聞いていたアフリカ・ミドリザルが突然生命を取り戻し、二人の服を剝ぎ取ってしまう。これまでエイズに関しては、人間社会ではアフリカ・ミドリザルがエイズの「起源」とされるような神話がまことしやかに流通していた。人間のゼロ号患者が、人間社会にエイズをもたらした張本人であるとすれば、その人間にＨＩＶを感染させたものが、アフリカ・ミドリザルとされていたのである。しかし、人間と動物のあいだの明確な境界があるように思われている中で、服を剝ぎ取られた人間は、まさに「動物」である。したがって、このように服を脱がすことで、アフリカ・ミドリザルの側からすれば、人間と動物のあいだの境界はそれほどはっきりしたものではないことが表現され、一方的に動物から人間に感染するだけでなく、人間から動物に感染する可能性ももちろん存在しているとも考えられなくもないのだ。

実際に、エイズのアフリカ・ミドリザル起源説は一九八〇年代半ばに出現して、ハーヴァード大学のマックス・エセックス研究員により流布された。この説は、メディアで広範囲に取り上げられたが、すぐに偽りであることが暴露された。しかし、少なくとも、ミドリザルがチンパンジーに置き換わる一九九九年まで、大衆メディアでは長らく存続していたのである。ミドリザル説は、エイズが人類の外部から来たものであることを保証するものであるのだが、ミドリザルと人間のあいだの感染手段が、動物性と霊長類との肛門性交という原風景を彷彿とさせるという問題が生じていた。その後、霊長類のあいだでは肛門性交が感染経路ではなく、その肉食が原因であるとされるようになったのであるが、エイズ問題が始まって最初の一〇年間には、やはり肛門性交が感染経路であるという説が根強く続いていた。

このようにしてみると、自然史博物館のなかでは、「自然」がありのままの形で「自然」として展示されると想定されるが、じつはそうした「自然」の展示というものは、客観的なありのままの姿で展示されるのではなく、むしろ人間による編集、加工、介入をとおして人々に見せられるものなのだ。つまり、「自然」の表象は、文化の表象なのである。自然史博物館は、こうした文化的表象の現場であり、さらに文化的表象の装置として機能するのだ。

映画のなかの自然史博物館が表象の装置であるとすれば、現実の社会において、この映画自体も表象の装置である。『サンフランシスコ・クロニクル』の記者であったランディ・シルツによる『そしてエイズは蔓延した And the Band Played On』は、一九八〇年代のエイズの時代において、特にゲイ男性がエイズに直面する状況を子細に記述し、世界的に知られたノンフクションの一つである。一九八七年に出版されたシルツによるこの著書は、ガエタン・デュガ（一九五三―一九八四）という実際に存在する人物を、エイズの「ゼロ号患者」として作り上げた。デュガは、一九八二年に行われた米国疾病予防管理センターで行われたエイズの感染研究に参加したのだが、そのなかで「ゼロ号患者」として想定されたのである。シルツは、デュガを、感染していることを知っていながらヨーロッパから北米にかけて感染させまくった悪意をもった人物として描き出していた。そして、死ぬ直前でもアメリカ人に感染させていたと報道していた。グレイソン監督は、映画『ゼロ・ペイシェンス』が『そしてエイズは蔓延した』に対して反対の立場を取っていることを語っている。そして、シルツの本は、共和党による無関心をとらえた重要なドキュメンテーションではあるものの、ランディ・シルツ自身は、本の売り上げを上げるために、きわめてセクシーなサブプロットをめぐる物語、すなわちエア・

カナダの客室乗務員をクィアのヴァンパイアのように悪魔化してしまったのである……つまり、レーガンの犯罪的な無関心については記憶してないが、たった一人のゲイ男性の感染する乱交性を記憶することになってしまったのだった [Hays 2007: 154]。グレイソンは、シルツの本のなかに潜在するホモフォビア、セックスフォビア、ゼノフォビアなどの否定的な要素を問題化し、解体しようとした。そして、ゲイの乱交性という、デュガに付与されたイメージ、そしてシルツが作り上げたイメージを批判するという目的で『ゼロ・ペイシェンス』を製作したのである。ここでは、シルツがノンフィクションのなかで作り上げたガエタン・デュガの「ゼロ号患者」の乱交的なイメージを、グレイソンが映画という表象を用いて、描きなおす作業を行ったことがわかる。まさに、エイズは表象の病気であり、それを描き出すことは、表象におけるせめぎ合いであり、それは政治的な行為なのである。

(2) 可視化の方法としての「語り」

映画の冒頭部分、ゼロのボーイフレンドが教師を務めている小学校の教室。外見的にはアラブ系とおぼしき小学生がシェヘラザードの物語を朗読させられている。シェヘラザードの物語は、「アラビアン・ナイト」のなかで主要な位置を占めているが、北米に生活するアラブ系の子どもにとっては、ある意味で「起源の物語」である。

しかし、子どもにはそれが真実のものであるかどうかなどわかりもしない。ここで「語ること」を通して生じてくる「アイデンティティ」の問題が浮かび上がってくる。そうしたアイデンティティは、肯定的な感覚を与えもするが、反対に否定的なレッテルとなって語る者を抑圧することもある。けれども、語らなければ自分の存在を示すことのできないものにとって、それは一種のアポリア（袋小路）

でもある。

また、そのような語りの問題は、特にエイズの問題をめぐっては、シェヘラザードの物語の内容とも重なってくる。シェヘラザードは、自分が殺されないために千一夜にわたって王に物語を語りつづけた。そうしなければ、自分の命が危険にさらされるからである。ここで語りは自分の命を存続させるための一つの方法となる。自らが語らなければ、その物語は他者によって語られてしまう。おそらく語ることもなく、他者によって物語をでっちあげられてしまったゼロの問題を暗示する。そして、自分の物語を語りなおすために、ゼロは幽霊となって現われる。けれども、幽霊であるゼロの姿は、誰の目にもみることができない。見ることができたのは、リチャード・バートンだけであった。ゼロの不可視性は、当時カミングアウトできなかったエイズ患者、語ることもなく死んでいった人々の姿を表象しているのかもしれない。ただし、ここでは、一九七〇年代から八〇年代の北米で解放主義運動が台頭してきていた時代のカミングアウトによる解放という物語に対しては、一定程度の批判的態度がとられている。それは、「本当の僕を見えるようにしてくれ、消えさせてくれ」という挿入歌の矛盾した歌詞に表れている。

(3) アイデンティティの問題(化)

一九七〇年代から八〇年代初頭にかけて、特にエイズ問題が到来する以前には、主にアメリカ、またヨーロッパも含めて、レズビアン/ゲイのなかでは、カミングアウトや可視化による解放主義的運動が展開され、個人としてはアイデンティティ、そして集団的にはコミュニティ形成がめざされる傾向にあった。また、ミシェル・フーコーによる『性の歴史　知への意志』では、近代の性科学の誕生により同性愛は、ソドミーの実践（行為）から「一種の内的な半陰陽、魂の両性具有へと変更させられた時に、性的欲望（セクシュアリティ）の様々な形象の一つとして立ちあらわれること」になり、「今や同性愛者は一つの種族」になったと述べている［Foucault 1976＝1986: 56］。一九七〇年代以降の運動の展開を待つまでもなく、近代以降、同性愛者は「種族化」していたとすれば、そうした事態は当然アイデンティティ（形成）の問題と切り離すことはできないであろう。スティーヴン・エプスタインは、ゲイのアイデンティティについて、次のように述べる。

エスニシティはひとつのメタファーである。しかし、それに伴う関係は、自我の根源的な部分として内面化されうる。このようなことが意識的に認識されればされるほど——つまり、エスニシティが戦略としても現実としても見られれば見られるほど——厳密な本質主義的認識においてそれが誤解されるという危険は、非常に少なくなる。さらに、それが他と異なったコミュニティの一部という意味のこのような感覚によって、我々が道徳的意味をともなった「差異」に身をゆだねることから救い出してくれるのである。差異を防衛的な分離主義として物象化したり、またそれを同質性の偽りの空想に溶解してしまうというよりはむしろ、我々は差異が無害なもの、あるいはもしかすると相乗作用を起こすものとして評価することが必要である。［Epstein 1990: 289］

エプスタインは、同性愛者が「種族」や「エスニック集団」あるいは「エスニシティ」として、あるいはそうしたアナロジーで語られることに対して、それを一種のメタファーとしてとらえている。そのなかで、「自我の根源的な部分」がアイデンティティとして「内面化」されることに対して警戒する。

つまりわれわれはたった一つのアイデンティティに依拠したり、すがりついたりすることにより、外部からの攻撃や強制的な決定論にさらされることにもなる。例えば、本質主義的な決定論あるいは生物学的な決定論に由来する優生学的な問題にさらされることにもなる。

エプスタインは、社会学あるいは政治学的な視点からアイデンティティをとらえているが、人文学的な視点から主体の位置づけの再評価とアイデンティティの偶発性やパフォーマティヴな特性を喚起する必要性を主張したのが、レオ・ベルサーニやジュディス・バトラーである。ベルサーニは「自我というものを過大に神聖視する価値」[Bersani 1988＝1996: 139]として、バトラーは「アイデンティティの規制的実践」[Butler 1990＝1999: 58]としてそれを言語化する。両者の視点は、自我というものに過大に価値を置き、さらにそこに首尾一貫性を与えてしまうような意味づけを批判するものである。バトラーが対象としているフェミニストの立場というアイデンティティ、そしてベルサーニが対象とするゲイあるいはクィアのアイデンティティの立場の類似性は、肯定的なアイデンティティのポリティクスを、そうしたアイデンティティの偶発性や構築的なカテゴリーを認識することにもとづく被抑圧集団のあいだの連帯的な政治の可能性を指摘するものでもあるのだ。そうした考えの背景には、アイデンティティを持つこと、あるいは確立することにより、アイデンティティにより表象された「われわれ」のなかにどのような人々が含まれるのかの線を引くことの排他性や暴力性が存在しているということの認識がある。そこで展開されるポリティクスは、「すべてのゲイがドラアグ・クイーンであるわけではない」とか「われわれのほとんどはふつうの人である」とかいう主張が、何を意味しており、またそうした意味が被抑圧集団内部におけるある人々から他の人々に対する非難としてとらえられると、主流社会において非難されているものが何であれ、主流社会がなぜそれを非難しているのか、そしてその社会がそこから何を得ているのかを問いかけることができなくなる。つまり、「よいクィア」と「悪いクィア」を分離することは、むしろ同性愛嫌悪や同性愛に対する差別意識をもつ人々の側に立つことであり、そうした差別意識を助長してしまうことにもなるのだ。こうした問題が背景に存在することにより、さまざまなマイノリティ集団が組織化され、それぞれの集団内部での多様性を受け入れることにおける困難さが生じるのである。そして、ここでは表象の方法における偏見や、その方法の「正誤」の問題が問われがちである。しかし、問題は、表象が正しいか間違っているかの問題ではなく、すなわち特定のステレオタイプが「不正確さ」を備えており、「間違った」表象が生産されているという問題ではなく、むしろ問題があるのは表象自体の構造なのではないだろうか。

4 さまざまな境界の侵犯

『ゼロ・ペイシェンス』のなかでは、バートンはゼロと親密になり、ベッドをともにする。バートンは、イギリスのヴィクトリア時代の実在の人物であるリチャード・フランシス・バートンであった。かれは「千夜一夜物語」の英語への翻訳者であり、さらに冒険家、そして性科学者という多彩な顔をもっていた。性科学者の側面では、「ソタディック・ゾーン Sotadic Zone」という「男色地帯」という考え方を提唱した張本人である。「ソタディック・ゾーン」とは世界には地理的に「男色」が歴史的および習慣的に実践されている地域があり、それはヨーロッパであれば地中海地域から、またアジアにおいては、中近東から東南アジアから東アジアにかけて、そして北米から中南米にかけての新大陸まで広がるものであった。ここで重要なことは、そのソタディック・ゾーンにはバートンの出身国であるイギリスが入っていないことだ。つまり、「男色」という習慣を自国から外部化したバートンであったが、映画のなかでは自らその習慣を実践している。つまり、実証主義者であったバートンは、自らの身体をもってして、自らが提唱した理論を侵犯してしまったといってもよいかもしれない。

バートンとゼロの親密な関係は、「ケツの穴のデュエット（The Butthole Duet）」として映画では表現・演出されている。肛門のフィギュアとしてのパペットは二人の肛門を表象しており、それがデュエットを歌うというシーンであり、映画のなかでは非常に印象的で、強力な表現となっている。ここでは、二つのというか、擬人化された二人の肛門が、掛け合いをしながら、ある意味で議論をする。バートンの肛門は、自分が行った同性愛行為が大英帝国に属する国民として家父長制的な責務に及ぼす葛藤を心配している。バートンが歌う歌詞は次の通りだ。「僕はまるで幼児／多形倒錯に陥る／オイディプスが泣くよ／尻の愛撫なんて／英国に思いを馳せ／楽器を打ち鳴らす／アナルセックスは／帝国に対する侮辱」［スタンス・カンパニー 一九九五：四二］この歌詞には、精神分析家のフロイトが一九世紀終わりから二〇世紀にかけて展開した同性愛に関する精神分析的解釈が含まれており、そうした構図に則れば肛門性交というような同性愛行為は「倒錯」であり、エディプス・コンプレックスによって支えられている近代家族からの逸脱であり、したがって近代家族と同心円上に位置づけられる「国家（あるいは大英帝国）」への「冒涜」であることを含意している。さらに、バートンはフロイトが唱えた「タナトス」の欲動がエイズと死の関係を彷彿とさせることに対する懸念を表明している。しかし、こう歌うバートンに対してゼロは反論する。その歌詞は次の通りである。「（セックスは）女王にゃ関係ない／そう大騒ぎするな／言葉に惑わされるな／死にゃしないさ」［スタンス・カンパニー 一九九五：四二］。ゼロの歌う歌詞のなかの「言葉に惑わされるな／死にゃしないさ」の部分のオリジナルな英語の歌詞は「Sodomy ain't so symbolic / Your rectum ain't a grave」である。つまり、（男同士の）性行為は、言葉によって解釈するものでもなく、性行為が象徴的なものであるといわれたところでそれをどのように理解するかわからないということを示唆しているようでもある。あるいは、そうした理解は、観察者の理解であり、実践している人の理解ではないということでもある。そして、ゼロはその歌の後半で、「アナは穴だろ／身をまかせりゃいい（An asshole's just an asshole / skip the analytic crit）」と歌い、性行為の意味の分析（的批評）を拒否する［スタンス・カンパニー 一九九五：四三］。

この「ケツの穴のデュエット」で表象される肛門性交に関しては、ベルサーニが「直腸は墓場か？」という論文においてゲイのアナルセックスにおける自己瓦解の可能性として論じている。かれはゲイのアイデンティティとして押し付けられていたアナルセックスの根源的な意味を自己主体の崩壊の問題と結びつけて、アイデンティティ形成と目されているものがじつはアイデンティティの崩壊をもたらすものであると述べている。もちろんこうした言明には、エイズ禍においてますます強まる主流社会の同性愛嫌悪に対して懸念を表明するゲイ・コミュニティ内部からの批判やアナルセックスという性実践を持ち出すことで男性同性愛のみをモデル化する特権的な視点として批判することは可能である。しかし、アイデンティティ批判あるいはアイデンティティの「壊し方」という意味では、一つのクィア理論的可能性であるとも解釈できる。自我や自らのアイデンティティを崩壊させるという身ぶりは、ある種権力に対する非常に強力な抵抗になることがある。性実践もこうした権力関係とは無縁でないとすれば、とりわけ挿入する側と受け身側によって行われる性実践が権力の作動する場であるすれば、アナルセックスは、権力（関係）に対するラディカルな抵抗であるとみなすことができる。

ベルサーニとしては、バトラーのこのようなモデルは、パロディを演じていると想定される人に信頼を置きすぎていると考えているようだ。ベルサーニは、バトラーが既存の権力構造によって我々は不可避的に取り込まれてしまうという主張をとりながらも、さらにおそらくゲイ男性の中では、男らしさのアイロニックな批判を実践するために、他の男性に惹かれることから自分自身を遠ざけることができる人はいないと主張するのである。彼がまさに指摘しているように、「ゲイの男であれば知っていることだが、パロディはエロティックな興奮を押さえ込んでしまうのである。しゃべりがキャンプ的であればあるだけ、それはパロディになる。ディナー・パーティーであれば、それであなたは場を笑いの渦に巻き込むことができる。だが、もし誰かをモノにしようと狙っているのなら、キャンプはやめだ」[Bersani 1988=1996: 125]。

しかし、グレイソンは『ゼロ・ペイシェンス』のなかでは、「Your rectum ain't grave」と歌わせて、ベルサーニの言明を拒否しているように読める。おそらくグレイソンは、ベルサーニのこの論文を十分に意識していたのではないかと考えられる。そして、分析を拒否するような、ある種研究的な批評を拒絶する「身ぶり」をとっているのである。とはいえ、この映画には、さまざまな理論に裏打ちされた多くの技巧がこらされていることは否めない。こうした技巧により、「表象」と「現実」、「理論」と「実践」、「アカデミズム」と「アクティヴィズム」などの境界を曖昧化したり、超えていったりしているのである。

ジュディス・バトラーは、「もしセクシュアリティが、既存の権力関係の内部で文化的に構築されるものならば、基準的なセクシュアリティを権力の『まえ』や『そと』や『むこう』に措定することは、文化的に不可能であり、政治的には実践できない夢であり、また権力関係の内部でセクシュアリティやアイデンティティの撹乱の可能性を再考していこうとする現時点での具体的な課題を遅延させるものでもある。」[Butler 1990=1999: 68]と述べている。この意味では、ベルサーニと同じくバトラーもセクシュアリティや性実践が権力(関係)の場であることを認めている点で共通している。しかし、バトラーが採用する方法はベルサーニとは異なっている。バトラーであれば、ジェンダーの「自然化された」カテゴリーに対して介入するという手段をパロディのうちに見ており、次のような方法をとるのであろう。「いわゆる起源と考えられている異性愛が、じつはまったく社会の構築物であることを、はっきりと浮き彫りにする」ために、「非異性愛的枠組みの中で異性愛的構造が反復されること」を提唱し、それゆえ「ゲイとストレートの関係はコピーとオリジナルの関係ではなく、コピーとコピーの関係なのである」[Butler 1990=1999: 69]。例えば、アナルセックスは、異性愛あるいは異性同士のセックスの「パロディ」として解釈することは可能である。また、コピーとコピーの関係であるならば、それは挿入側と受け身側で実践される行為として、「成功」する場合もあれば「失敗」する場合も起こりうる。バトラーであればジェンダーのカテゴリーにおける「攪乱」に見たように、こうしたコピーとコピーの関係における「失敗」にある種の希望を見るのではないだろうか。

パロディ化の戦略は、その対象をパロディ化している人が当の権力関係の外側になければならない。したがって、性実践の場合には、パロディ化して当の性実践自体を批判する人は興奮してはいけないことになる。となれば、ゲイ男性は「女らしさ」をパロディ化することはできるかもしれないが、彼自身を直接抑圧している「男らしさ」の、すなわち挿入する側のイデオロギーに対しては無力になってしまう。バトラーが提案するパロディ化の戦略は、ゲイ男性の問題には対応できないことになるのだ。

とはいえ、グレイソンが映画『ゼロ・ペイシェンス』で採用している戦略は、バトラーが提唱するパロディ化の戦略に親和性をもつものである。

この「ケツの穴のデュエット」の一連の歌詞内容を見ると、ゼロとバートンとの性行為は、バートンのためらいのために達成されなかったことがうかがえる。ここでは、実証主義者として性行為の意味をとらえようとするバートンと、そうした学問的実践には関係なく、自らの欲望に従って生きようとするゼロとの肛門性交をめぐっての交渉あるいはやりとりが展開されている。常に研究において意味を与えられてきた肛門という部位が自ら語るという表象により表現されている。語られる対象が語るという主体となる関係性ということになれば、この関係性は例えば社会科学のなかで行わるインタビュー調査で生起する関係性として考察することも可能となるのではないか。

バートンにとっては、その欲望が存在しようがなかろうが、ゼロとの同性どうしの関係はタブーであった。これは同性愛タブーであるのだが、他方でゼロとバートンは調査者と被調査者の関係にある。つまり、バートンとゼロの性行為は調査者と被調査者の関係のなかで行われようとしていたのである。実証主義を標榜する研究者であるバートンとしては、調査者と被調査者の関係は崩してはならないもの、侵してはならないタブーであると考えられる。したがって、ゼロとバートンがたとえ未遂に終わったとしても性行為に及ぼうとしたことはバートンにとっては避けられねばならないことであったのだろう。しかし、ここではある種冷静で客観的な距離を保持していなければならない調査者と被調査者の関係が、性的でありかつ親密で感情的な関係に変化したといえる。こうしたことが生じたのは、バートンが研究対象であるゼロにより深く関与した結果であり、調査対象をより深く理解しようとした結果であったからかもしれない。より深く研究対象に関与すればするほど、その親密性を深める可能性が生じて、ゆくゆくは性的な関係に及ぶことがあるとすれば、調査者と被調査者の関係性のなかには自ずと矛盾が含みこまれているということになる。『ゼロ・ペイシェンス』には、調査者と被調査者という境界を侵犯する契機が含まれている。

さらに、この映画の終盤に、ゼロは自分の血液を顕微鏡で見ることになる。血液とは自分自身の体内に存在しているものであるが、それは出血していないときには、不可視な存在であるし、またそうした血液の構成要素についてはその所有者であるゼロ自身も目にすることはできない。顕微鏡をとおしてのみ、ゼロはその血液内にHIVやT細胞や白血球や赤血球がうごめいている光景を目にすることができるのだ。かれは、そのなかに「ミスHIV」という人を見いだす。「ミスHIV」はその名前のとおりHIVを表象しているのであるが、映像では、映画の製作当時の北米ではHIV感染後最も長く生きていたというマイケル・ケイリンがドラアグ姿で演じている。ケイリンは、歌手であり、またエイズの活動家でもあり、エイズに関する著作もいくつかある人物である。ゼロが顕微鏡を眺めるシーンでは、ゼロの視線は上から投げかけられており、それに対して血液のなかを浮いているミスHIVは下から上を眺める姿勢となっている。これは見る者と見られる者のあいだのある種の権力関係を暗示しているようにも思われる。しかし、そうした権力関係のなかで、見られる者が語る物語は、見る者とは異なる物語である。この物語では、北米ではすでに一九六〇年代にエイズのような症例が報告されており、フランス系カナダ人の客室乗務員が北米にエイズをもちこんだという説は真実ではないと語る。また、まことしやかにアフリカに生息するミドリザルがもっていたウイルスがHIVとなったという説が流通しているが、それを実証する確たる証拠はないと語る。ましてやゼロ号患者とされるゼロがアフリカのミドリザルに接触したということは考えられないことでもある。そして、HIVというウイルスがエイズの原因であるかのように語られているが、実際にはHIVのみがその原因であるということも言えないだろう。もちろん、ＨＩＶというウイルスに感染することにより体内の免疫機能が徐々に維持できなくなり、日常的には発症しないような病気を発症することはあるが、それには、多様な身体内の状況や生活における状況が関係しているはずである。したがって、ＨＩＶのみがエイズという病気の「原因」であると語ることは正しくないということになる。このようにして、エイズを取り巻くいくつかの神話を解きほぐしていく。

そして、幽霊であるゼロは、バートンにしか見えないことになっており、それまでは映像にも映ることはできなかったわけだが、顕微鏡を覗いていたときにその接眼レンズから逆流してきた自らの血液を浴びた途端、五分間だけ可視的になり、映像にも映るようになった。そこで、ゼロは短時間ではあったものの自分の物語を語ることができたのだ。

おわりに

アメリカのエイズと（男性）同性愛をめぐる状況を分析するシンディ・パットンは、次のように述べている。「同性愛に関する医学的および心理学的説明は、社会現象としてのエイズが台頭してくるころまでにかなりの程度で統率力を失ってきたが、『識別できるような原因をもつもの』としてのエイズの論理は同性愛を再び医療化する傾向をもっていた。アメリカ文化は（すべての科学的事実がそうではないものの）科学的な論理を論争の余地のないものとみなしている。ウイルス（『現実的なもの』）としてのエイズと、選択されたもの（『役割』）としての同性愛との間のイデオロギー的な緊張においては、科学が勝利するのはたやすいことである。同性愛は病気であるという主張に対して科学に根拠をもつ反証を提出することを通して、一九七〇年代には精神医学における病理的なカテゴリーから同性愛を削除するという闘いが行われた。われわれは同性愛者を病理による統率から切り離したが、科学の論理から同性愛を救い出すにはいまだ至っていない」[Patton 1990: 112]。このパットンの言葉にあるように、脱病理化の道をたどってきた同性愛は、エイズ問題の到来により、再び病理化の道を歩み始めた。そして、同性愛の病理化・医療化傾向は強化されていったのである。

こうした状況の下で、同性愛者が可視的な存在になることは、常に監視や管理の対象となりうることを意味している。HIVというウィルスが分離され、医学の対象としてその動きや構造が解明され、文化的には「(人類の)敵」という呼び名で称されるのと同じように、同性愛者はウィルスと重ね合わされ、エイズ時代においては「一般社会」に脅威をもたらす存在として表象されてきた。(男性)同性愛とウィルスの「同一化」は、一方で現実的な「喪失」という経験——友人やパートナーの死や、差別による地位や職業など生活におけるあらゆるものの「喪失」を含めて——をゲイのコミュニティにもたらした。しかしながら、それは他方で「政治」の新たな方向性を考える契機をも生み出したのである。

「敵」と称されるものは外部に存在するのではなく、自らの体内/意識のなかにも存在する。無論、ウィルスは科学的には、体内の免疫機構を破壊する「悪」と想定され、人はウィルスが交通/伝達することを「予防」という手段を通して遮断しようとする。「あらかじめ防ぐ」ということは、防ぐ対象のものがその予防という行為に先んじて存在することを意味する。そして、それは存在しているだけではなく、駆逐や排除の対象という意味を先験的に付与されていることになるのだ。しかし、HIV感染者やエイズ患者は、こうしたあらかじめ排除されるものを自らの身体に保持しているともいえる。

完全な治療薬がない現状では、感染者や患者は、このウイルスとともに一生を過ごしていくことになるのだ。すなわちウイルスと「共生」して生きていくことである。であるならば、排除すべき対象としてのウイルスであっても、自らの身体においては「ともに生きていく」存在でもある。そして、そうした状況では、ウイルスに対して「悪」と断じることも難しいのではないか。そこでは、ウイルスを敵とみなすような見方はできない。というよりも敵／味方という二項対立自体を慎まねばならない状況が生み出されるのではないだろうか。

エイズ問題においては、「エイズとの闘い」という言葉をよく耳にする。それはある種の「敵」を想定した物言いや身振りであるが、実際にそこにある「闘い」は敵も味方もないような、すなわち勝敗のない「闘い」を生きることなのだ。エイズ問題は、私たちにそのような勝敗のない「闘い」を実践する方向性を示唆したものでもあった。

ここでは、私はエイズ治療薬の開発を待たないということを意味しているのではない。治療薬はなくとも、実際に予防薬でかなり効果の高いものが開発され、世界では広く活用されるようになってきている。本章では、治療薬や医療的ケアなどの医学的な現実の領域以外にある、エイズをめぐる表象の問題を取り上げた。その理由は、表象の問題に光を当てることにより、「現時点では治る薬がない」という現実的な状況に置かれたとき、最も必要な実際的な処方箋はウイルスを打ち負かすという、現時点では実現不可能なことに思いをはせるよりも、むしろウイルスとの不断の〈交渉〉を行うことなのであろう。

西洋のいくつかの国で一九七〇年代から展開されてきた解放主義的なレズビアン／ゲイ運動は、八〇年代以降エイズ時代を経るなかで、同性愛者の〈解放〉という論理、「自由」や「平等」というユートピアを夢想することよりも、エイズという「現実」を前にして、その内部で／を通して折り重なって作用するあらゆる権力関係に目を向けるよう変節してきた。一九九〇年代はじめアメリカではクィア理論という名のもとに、めざましい理論的パラダイムの変容があったことはいうまでもない。新たな理論形成のすべてをエイズ問題に還元することは控えるべきだが、エイズという危機的かつ重層的な「現実」がなにがしかの影響を与え、理論と現実（あるいは実践）の間での往還をうながし、ジェンダー／セクシュアリティ研究を先に進めたことは間違いないだろう。それは〈解放〉という、あらかじめ措定された最終目標に向かう政治的使命としてではなく、自らが位置する場に日常的に生起する微細ではあるが複雑に絡み合った権力関係に介入するという、もう一つの政治的指向性を有するものである。

参考文献

Bersani, Leo［1988］"Is the Rectum a Grave?" Crimp, Douglas（ed.）*AIDS: Cultural Analysis / Cultural Activism*, The MIT Press. ＝酒井隆史訳［一九九六］「直腸は墓場か？」『批評空間Ⅱ』８号、太田出版、一一五―一四三。

――――［1995］*HOMOS*, Harvard University Press. ＝船倉正憲訳［一九九六］『ホモセクシュアルとは』法政大学出版局。

Butler, Judith［1990］*Gender Trouble: Feminism and the Subversion of Identity*, Routledge. ＝竹村和子訳［一九九九］『ジェンダー・トラブル――フェミニズムとアイデンティティの攪乱――』青土社。

Crimp, Douglas［1987］"AIDS: Cultural Analysis / Cultural Activism." *October*, 43: 3-16.

――――［1993］"Right On. Girlfriend!" Warner, Michael（ed.）*Fear of a Queer Planet: Queer Politics and*

Social Theory, University of Minnesota Press, pp.300-320. ＝河口和也訳［一九九六］「オネエさん、そのとおり!」『ユリイカ　クィア・リーディング』11月号、青土社、二一六―二二八。
Epstein, Steven［1987］"Gay Politics, Ethnic Identity: The Limits of Social Constructionism." Stein, Edward（ed.）［1990］*Forms of Desire: Sexual Orientation and the Social Constructionist Controversy*, Garland Publishing, pp. 239-293.
Foucault, Michel［1976］*L'Histoire de la sexualité, I, La volonté de savoir*, Gallimard. ＝渡辺守章訳［一九八六］『性の歴史　I 知への意志』新潮社。
Gamson, Josh［1989］"Silence Death and the Invisible Enemy: AIDS Activism and Social Movement 'Newness.'" *Social Problems*, 36（4）: 351-367.
Halperin, David M.［1995］*Saint=Foucault : Towards a Gay Hagiography*, Oxford University Press. ＝村山敏勝訳［一九九七］『聖フーコー――ゲイの聖人伝に向けて――』太田出版。
Hays, Matthew［2007］*The View From Here: Conversations with Gay and Lesbian Filmmakers*, Arsenal Pulp Press.
Katz, Jonathan Ned［1995］*The Invention Of Heterosexuality*, Penguin.
Knabe, Susan & Pearson, Wendy Gay［2011］*Zero Patience*, Arsenal Pulp Press.
Patton, Cindy［1990］*Inventing AIDS*, Routledge.
Scott, Joan Wallace［1988］*Gender and the Politics of History*, Columbia University Press. ＝荻野美穂訳［一九九二］『ジェンダーと歴史学』平凡社。
Sedgwick, Eve K.［1985］*Between Men: English Literature and Male Homosocial Desire*, Columbia University Press. ＝上原早苗・亀澤美由紀訳［二〇〇一］『男同士の絆――イギリス文学とホモソーシャルな欲望』名古屋大学出版会。
Treichler, Paula A.［1999］*How to Have Theory in an Epidemic: Cultural Chronicles of AIDS*, Duke University Press.

別冊アイデンティティ研究会編［一九九七］『別冊 i d 研』動くゲイとレズビアンの会。

ヴィンセント、キース・風間孝・河口和也［一九九七］『ゲイ・スタディーズ』青土社。

風間孝［一九九七］「クィアはどこからきたか――クィア・セオリーにおける理論と実践」別冊アイデンティティ研究会『別冊 i d 研』動くゲイとレズビアンの会、一〇―三五。

スタンス・カンパニー［一九九五］『ZERO PATIENCE A MOVIE MUSICAL ABOUT AIDS 映画プログラム』スタンス・カンパニー。

Column

性的マイノリティにおけるいじめ・自殺をめぐる問題

明智カイト

二〇一〇年に立ち上がった「いのち リスペクト。ホワイトリボン・キャンペーン」は、LGBTのいじめ対策・自殺対策に特化した団体として、これまでロビイングや広報などのアドボカシー活動を行ってきた。私が「命を守る」ための活動を重視しているのは、自分自身がLGBT当事者として、一〇代の頃に自殺未遂やいじめを経験したからである。

いじめや自死は、多くのLGBTにとって人ごとではなく、むしろ日常的に直面している問題ではないだろうか。例えば、二〇一三年に「いのち リスペクト。ホワイトリボン・キャンペーン」が行った「LGBTの学校生活実態調査」では、LGBT当事者六〇九名から回答を得たが、そのうち男子五割、女子三割はだれにも相談することができず、その理由として「理解されるか不安だった」(約六割)、「話すといじめや差別を受けそうだった」(男子約六割、女子約三割)といったものが挙げられた。教師へのカミングアウトにいたっては、全体の一割程度しかできていないことがわかった。いじめは二年以上続くことの方が多く、特に性別違和のある男子では、いじめが長期化しやすい上に、言葉による暴力(七八%)、無視・仲間はずれ(五五%)、身体的な暴力(四八%)、性的な暴力(服を脱がされる・恥かしいことを強制される)(二三%)と、いじめ被害も深刻かつ強烈なものであった。

また、宝塚大学看護学部の日高庸晴教授が一九九九年以降継続して実施しているゲイ・バイセクシュアル男性(累積五万人以上の研究参加)を対象にしたインターネット調査によると、最も低率であったときでもゲイ男性の二人に一人にいじめ被害の経験がある。自分の性的指向を自覚した平均年齢は一三歳であるものの、一〇～三〇代のおよそ一五%程度しか親にカミングアウトできていない。親以外の友達にカミングアウトできている人は五割を超える一方で、実際にカミングアウトできた人数は二～四人程度にとどまる。およそ六五%が自殺を考えたことがあり、一四%が自殺未遂を経験している。このことは、ゲイ・バイセクシュアル男性の自殺リスクが異性愛の男性の約六倍であることを示している。さらに、ゲイ・バイセクシュアル男性の四～五割が抑うつ傾向にあり、他集団と比べるとおよそ二倍になっている。にもかかわらず、彼らの過去六カ月の医療機関への受診率は七～九%にとどまり、さらに性的指向について医療者に相談できた人はわずか八・五%であった。

つまり、性的マイノリティと呼ばれる彼らは、最も多感な時期である一〇代前半に自らが周りと少し異なることに気づきはじめる。たとえ深刻ないじめ被害を受けたとしても、そのことを親や教師などの大人に相談することはできず、相談できたとしてもわずかな親しい友人だけなのである。一〇代という自らのアイデンティティを形成し、社会との関わり方を学んでいく経験をする時期を、そのような「生きづらさ」のなかで過ごすことにより、結果として自殺リスクや抑うつ傾向が高まるという結果に繋がってしまっているのである。

民主党政権の時代であった二〇一二年当時、ちょうど「自殺総合対策大綱」の見直しが行われるということを耳にした私たち「いのち　リスペクト。ホワイトリボン・キャンペーン」は、その大綱のなかに「性的マイノリティ」という言葉を入れてもらうべく、民主党の国会議員に話を持っていくことにした。

関係省庁である内閣府や厚生労働省、文部科学省などの官僚たちは、当初「大綱」に「性的マイノリティ」に関する文言を入れることに対して強い抵抗感を示していた。前例がなく、社会的にも偏見が強いため、あまり積極的に取り組みたくない様子がありありと伝わってきた。その重い腰を上げさせるべく、民主党の有志議員が立ち上げた「性的マイノリティ小委員会」では、幾重にも渡って熱い議論が繰り広げられた。こうした関係者全員の必死の努力が報われ、二〇一二年の八月に「自殺総合対策大綱」が見直されるにあたって、行政文書のなかに「性的マイノリティ」という言葉がはっきりと明示されたのであった。

それまで「性同一性障害」に関しては個別に法律まで作られてはいたものの、「性的マイノリティ」という言葉は、日本の法律のどこにも存在しなかった。そして、このことは「大綱」での言及にとどまらず、当初は思ってもみなかったような効果をもたらすことになったのである。

それは、メディアによる波及効果である。それまでメディアといえばNHKなどが性的マイノリティに関して取り上げたことはあったものの、それ以外の民放では、お笑いのネタとして取り上げられることがほとんどであった。しかし、この「自殺総合対策大綱」のなかに「性的マイノリティ」の言葉が入ったことを毎日新聞が報じると、複数の民放テレビ局から私のもとに取材の依頼が舞い込んだ。八月に大綱の見直しが行われ、九月はまさに取材ラッシュとなった。わたしは、顔と名前を出して民放のテレビ番組に出演したが、当事者が顔と名前を出すことは、それなりの反響をもって迎えられることとなった。このきっかけとなった毎日新聞の報道においては、LGBTのことについてもともと取り組んでいる記者の方に「性的マイノリティ小委員会」に取材にきてもらえるように根回しをしてはいたものの、それがまさかテレビ局による取材に繋がるとは思ってもみなかった。あくまでもロビイングの一つの手段として新聞を活用しようとしていたのであったが、それが大きな成果へと結びついたのである。

こうした大きなメディアに取り上げてもらうことの意味は、社会全体として「性的マイノリティの人ってそんなに困っていたんだ」ということを認知してもらえることだ。世間一般の人々が最も驚いたのは、お笑い番組に出てくるいわゆる「オネエキャラ」と呼ばれる性的マイノリティの人々は、みな面白おかしく楽しそうにしているように見えるが、実はテレビに出ていない大多数の性的マイノリティの人々のなかには、いじめや自殺に苦しんでいる人がいるということを報道により初めて知ったことであろう。それは、いじめや自殺に関しての支援を仕事としている人、相談機関、ソーシャルワーカーのような、普段からいじめや自殺と密接に関わる人々にとっても同様のことだったようである。そうした人々が報道を目にし、それまであまり性的マイノリティという存在を自らの仕事と結びつけて考えたことはなかったものの、性的マイノリティの人々がいじめや自殺に苦しんでいるという現状を知り、自主的に活動を始めてくれるような動きも各地で起こることになった。彼ら支援する側としても、性的マイノリティの当事者ではないため、彼らが実際どのような悩みを抱えているのか、どのような支援を必要としているのか、ということを把握する必要があったのだ。

このように、「いのち　リスペクト。ホワイトリボン・キャンペーン」の活動は「自殺総合対策大綱」のなかで性的マイノリティに関する言及がなされたということ、それがメディアで取り上げられることにより多くの人々の意識を変えたということで結実したのであった。これは性的マイノリティに対する社会の偏見や無理解を改善していく大きな一歩となるだろう。また、いじめや自殺の問題で苦しむ人々を支援する側が性的マイノリティの存在を念頭に置くようになったことは、多くの人々の苦しみを緩和し、多くの人々の命を救うことにもなるだろう。

第八章 フレキシブルな身体
クィア・ネガティヴィティと強制的な健常性

井芹真紀子

はじめに

身体やアイデンティティの流動性や可変性とは、ジェンダーやセクシュアリティを構成する諸規範に対して批評的介入を行うクィア理論が、その成立の当初から取り組んできた問題の中核を成すといっても過言ではないだろう。固定的で首尾一貫したアイデンティティの幻想性を暴き出し、セクシュアリティやジェンダーの流動性に政治的可能性を見出してきたクィア理論において、「柔軟性(flexibility)」、「流動性(fluidity)」、「可動性(mobility)」といった諸概念は、既存の規範を攪乱し、組み替え、変容させていく可能性を示すものとして注目されてきた。クィア理論は「逸脱的」とされ嫌悪や差別・排除の対象とされてきた特定の性や欲望、身体のあり方を、単に肯定的・解放的なものとして位置づけ直すだけではなく、そのような徴付けと排除を通じて自らを普遍的かつ唯一の権威あるものとして振る舞う、規範それ自体の変容可能性を明らかにしてきたのである。

しかしながら、「柔軟性」や「可動性」といったこれらの概念は、一九八〇年代というクィア理論の成立・展開と時を同じくして拡張してきたネオリベラルな資本主義経済体制においてもまた、より望ましく優れた特質として特権的な地位を与えられてきたということに、今改めて目を向ける必要があるだろう。ネオリベラルな現代社会においてこれらの特質は、起こりうるリスクを予測・管理することによって、刻々と変化する状況に適切に対応するある種の「望ましい能力」であり、またそのようなより優れた能力を持つことで（あるいは持つ者だけが）「生き残る」ことを可能にする「強靭さ」の指標としても機能しているからである。

本章では、このようにさまざまな意味を持つ「柔軟性」や「可変性」、「可動性」といった特質を包括的に示す概念として〈フレキシビリティ〉という語を使用する。〈フレキシビリティ〉を、何らかの「力」を動員することを可能にする特質——それが支配的な規範の「撹乱」であれ、逆に「維持」や「強化」であれ——として位置づけ、とりわけその多義的な特質が、形象としての、また同時に文字通りの、〈身体〉の上に重ねられていくことに着目したい。本章の射程は、ネオリベラリズムと表面的・限定的な多様性を称揚する文化多元主義に包摂されることに対する批判・抵抗という、現代のクィア・ポリティクスが直面する課題を共有している。それと同時に、〈フレキシビリティ〉という特権的な「能力」あるいは「強靱性」——とりわけ、特定の〈身体〉に付与される健常性として機能するものとしてのそれ——とクィア・ポリティクスの関係を批判的に問い直すことと通じて、クィア・スタディーズ内部の「強制的な健常性（compulsory able-bodiedness）」という前提を明らかにし、ディスアビリティ・ポリティクスとの（再）接続のための糸口となるような議論を提示することが、本章の目的である。

1　ネオリベラリズムと多元主義への批判

クィア理論は性や身体、欲望に関わる諸規範に抵抗し、攪乱し、さらにはそれを変容へと導く力としての柔軟性や流動性、可動性を肯定的に評価してきた。このクィアな〈フレキシビリティ〉の暴露とは、規範の側からすれば自らの普遍性と権威を揺るがす「脅威」であり、否定し続けなければいけないものである。しかし一方で、リサ・ドゥガンが「ホモノーマティヴィティ」という用語を用いて指摘した現代のクィア・ポリティクスが抱える問題系、即ち、二〇〇〇年代以降のアメリカ合衆国で展開されてきた新たなセクシュアル・ポリティクスがネオリベラリズム体制と共犯関係を結びつつある現状に対する批判的考察において、〈フレキシブル〉であることは必ずしも反規範的な特質としてのみ機能するとは限らないこともまた、明らかにされてきた [Duggan 2003; Halberstam 2005: 18–19]。〈フレキシビリティ〉を称揚するネオリベラルな政治経済体制・文化体制からの要請に応える形で――より正確には、そのような要請に応えることのできる一部の特権層の利益追求として――主流の異性愛規範や社会制度には異を唱えずに、個人的／私的な問題として同性愛の受容を求めていく新たなセクシュアル・ポリティクスが二〇〇〇年代以降問題化されてきたのである [Duggan 2003]。

健常主義（able–ism）と異性愛規範の相互依存性を指摘したロバート・マクルーアは、クィアとディスアビリティの政治の交錯点を探求する「クリップ・セオリー（crip theory）」の第一人者である。九〇年代後半のアメリカ合衆国においてネオリベラリズム体制の下出現してきた〈フレキシブル〉な「異性愛的身体」とは、同性愛的身体を徹底的に拒絶すべき「逸脱」や「脅威」として捉えるのではなく、むしろそれらに対する「寛容性」のポーズを通じて、自らの十全性を可視化させ、維持するための手段として利用する、とマクルーアは指摘する［McRuer 2006: 12］。さらに重要なことに、この〈フレキシブル〉な異性愛的身体は、特定の差異を受け入れることのできる能力や柔軟性を備えたものとして、つまり「健常な身体（able-bodied）」として示されるのである。

> 現代の異性愛をとりまく危機と首尾よく交渉するというまさにその能力において、フレキシブルな異性愛身体は特徴づけられる。そのような能力によって特徴づけられることで、その身体はしばしば障害を持った人々から明確に区別される。［McRuer 2006: 12-13］

マクルーアによれば、一九九〇年代後半から新たに可視的な存在として出現してきたこのフレキシブルな異性愛的／健常的身体は、「フレキシビリティの二重の特性」［McRuer 2006: 18］によって可能となる。マクルーアの指摘する〈フレキシビリティ〉の二面性とは、一方では自らの絶対性を脅かすマイノリティ存在という「危機」に対して柔軟に対応し、それらを管理・運営することを通じて逆に自らの十全性を確認し、強める働きである。それは常に「成功した異性愛身体」「成功した健常な身体」として可視化される。その一方で〈フレキシビリティ〉とは、そのような「危機の解決」が上演されるための舞台を提供するよう、柔軟に従属することをクィアの、そして障害をもつ身体に対して要請するものでもある。

多くの文化表象において、障害のあるクィアな形象は、今なお視覚的に、かつ物語上、従属させられ、時に公然と排除されているにもかかわらず、もはや絶対的な逸脱を体現するものではない。（中略）フレキシビリティはここでも両方向に機能する。すなわち、それらのテクストにおいて、異性愛の健常な身体をもつ登場人物は、フレキシブルに縮小や拡張しながらクィアの障害をもったマイノリティと協働するのに対し、クィアな障害のあるマイノリティはフレキシブルにそれに応じるのである。

[McRuer 2006: 18]

人々やアイディアの多様性を達成すべきゴールに向けての〈フレキシブル〉な協働として称揚する、ネオリベラルな経済的言説における〈フレキシビリティ〉の異なった特質とその不均等な配分という問題を指摘したマクルーアの議論は非常に示唆的である。しかし、まさにマクルーア自身が指摘するように、〈フレキシビリティ〉が柔軟性や可動性といぅ「能力」や、「危機」を乗り越え生き延びるある種の「強靱性」という「健常な身体性（able bodiedness）」と分ち難く結びついているということを考えるとき、単純に「マイノリティの身体」としてクィアとディスアビリティを一元化することは出来ないだろう。

ドゥガンのホモノーマティヴィティの議論を発展させ、「ホモナショナリズム」の概念を展開したジャスビル・プア(1)は、マクルーアによる「強制的な健常性」と「強制的異性愛」が互いを構成し合っているという議論を引き継ぎながらも、更に一歩踏み込んで、異性愛主体やホモノーマティヴな主体だけではなく、「ある種の例外的なクィア主体」にとってもまた、「強制的な健常性」は欠くことのできない前提となっていると指摘する。

「強制的な健常性」と強制的異性愛は互いを構成し合っているとマクルーアは論じる。しかしわたしはそこにこうも付け加えたい。強制的な健常性はホモナショナルな主体にとっての絶対的必要条件であるだけではなく、越境や攪乱、あるいは抵抗への能力を自称する、ある種の例外的なクィア主体にもまた、たっぷりと染み込んでいるのだ、と。［Puar 2009: 165］

マクルーアの議論において、クィアとディスアビリティがほとんどパラレルに論じられる傾向があるのに対して、プアのこの指摘は両者の緊張関係、とりわけ規範をラディカルに攪乱する例外的なクィア主体にとって前提とされている健常性という、両者の力関係を示唆している。プアのこの指摘は、次節で扱う「否定性」や「失敗」をラディカルなクィアネスとして賞賛するクィア理論のなかの一つの傾向を批判的に検証する重要な手がかりとなるだろう。「攪乱的／例外的なクィア主体」が前提とする健常性とは、一体どのようなものだろうか。

2 否定性《ネガティヴィティ》の称揚という抵抗

(1) 否定性《ネガティヴィティ》とクィアネス

二〇〇四年に出版されたリー・エーデルマンの著作『ノー・フューチャー——クィア理論と死の欲動』(2)は、「ホモノーマティヴィティ」という用語にこそ直接言及していないものの、明確に先述のドゥガンと同様の問題意識を共有している。エーデルマンは九〇年代の米国クリントン政権下で進む（ネオ）リベラルな文化体制を支える「再生産的未来主義（reproductive futurism）」［Edelman 2004: 2］を批判し、

「理想としての市民を体現し、国益を共有する自らの未来に対する権利を主張することを認められた」[Edelman 2004: 11]〈子ども〉(the Child) の形象が、いかに異性愛規範の絶対的特権性を保持するよう機能しているかを指摘する。問われることの無い規範となっているこの「再生産的未来主義」が、ネオリベラルな多元主義の下でマイノリティに対する寛容と市民権の要求(同性間の婚姻や子育てといった私的化され限定化された権利の要求)において前提となっていることを批判した上で、そのような未来性の再生産への信仰を断ち切ること――エーデルマンが「堕胎」というレトリックを用いて示す「拒絶」の身振り――こそを、クィア・ポリティクスは目指すべきだとエーデルマンは強調するのだ [Edelman 2004: 4]。

エーデルマンによる議論を批判的に引き継ぐ形で、ジャック・ハルバースタムは「失敗 (failure)」のクィアネスを提起する [Halberstam 2011]。ハルバースタムは、「失敗」を自己責任へと還元する現在の資本主義経済体制にクィアが取り込まれることを拒絶すると同時に、現代の異性愛規範的な資本主義経済社会を支える「成功」の追求というイデオロギーに対して、「失敗」という概念の持つクィアな可能性に目を向けることを我々に促す。エーデルマンが「死の欲動」という概念を通じて示してみせた「死」や有限性としてのクィアネス」を、ハルバースタムは「前向きで、再生産的で、異性愛規範的な希望の政治」の代わりに「死や有限性」といった「容赦ない否定性」にクィアネスを再配置する作業として捉える [Halberstam 2011: 106]。既存の支配的な規範に対して異議を申し立てるのではなく、むしろ異性愛規範を支えながら限られた主体にのみ「成功」をもたらすホモノーマティヴなセクシュアル・ポリティクスへの(内部)批判として、クィアネスを「失敗」というある種の否定性の中に位置づけ直す作業は、二〇〇〇年代のクィア理論における一つの流れを形成していたと言っていいだろう。

しかし、ここで本章の主題である〈フレキシビリティ〉をめぐる問題に立ち戻りたい。前節で引用したプアの指摘、すなわち、撹乱的で抵抗的だと自認するような「例外的なクィア主体」にとって強制的な健常性が前提とされているという示唆にもう一度立ち返るならば、「未来性の拒絶としての死の欲動」や「失敗」を追求すべきクィアネスに結びつける議論において、健常性という前提の滑り込む危険性があるだろう。エーデルマンは「再生産の、未来性の、そして生の拒絶」という「『選択』("choice")」として表現しており［Edelman 2004: 16］、ハルバースタムにとってのクィアな「失敗」もまた、否応なく留め置かれる位置というよりは、資本主義経済と異性愛規範に抵抗するため積極的に選択すべき「優越の拒否」［Halberstam 2011: 19-20］という色合いが強い。当然これらは二〇〇〇年代以降のネオリベラリズム体制にクィア・ポリティクスが取り込まれることに対する危機感から生じているものであるが、撹乱的なクィア主体がネオリベラリズム体制による〈フレキシビリティ〉の要請を「拒絶」し、否定性を「選択」する、まさにその身振りにおいて、それらの否定性が自らにとって致命的なものにならないという確信、健常性が逆説的に前提とされているとは考えられないだろうか。ハルバースタムの提唱するクィアな「失敗」の実践――「上手く失敗し、何度も失敗し、(中略)より良く失敗する仕方を学ぶこと」［Halberstam 2011: 24］――とは、まさに自らの身体的健常性と生存能力を信じて疑うことのない、〈フレキシブル〉な身体に他ならないのではないか。

このようなクィア・ポリティクスにおけるある種の「否定性」への志向は、本章で検証するように、必ずしも二〇〇〇年代に固有のものではない。バトラーが「批評的にクィア」(1993)において示したように、同性愛嫌悪的な「恥の呼びかけ」として用いられていた「クィア」という「傷」を、否定するのではなくむしろ「引用」し、誇張的に演じてみせることで、その意味付け自体を再領有し、再分脈化する姿勢［Butler 1993: 232-233］は、その成立当初からクィア・ポリティクスの根幹を形成してきた。つまり、（1）自らに付与されたスティグマを否定するのではなく、自ら引き受けた上でその意味自体を変容させてしまうこと、そして（2）特定の存在を恥ずべき逸脱として線引きし、棄却《アブジェクト》することによって自らを普遍として振る舞う規範それ自体が常に既に抱え込んでいる、傷つきやすさや変容の可能性を、統一性の崩壊や境界の侵犯を通じて示してみせること。これらはまさにクィア・ポリティクスの最もパワフルな側面であると言えるだろう。しかし同時に、これらの政治的特徴が――レトリック上の、そして文字通りの――〈身体〉を通じて論じられる時、既存の規範への抵抗とその変容可能性を動員させる力としての〈フレキシビリティ〉が、一方で健常性へ接近する危うさを伴っていることを我々は見逃してはいけない[3]。本節及び次節では、〈身体〉に関わる特定の否定性がクィアネスとして動員される際に、何が暗黙の前提として要請されるのかを、レオ・ベルサーニとリー・エーデルマンという二人のクィア理論家の初期の論考に立ち戻り、考察を試みたい。

（2）セクシュアリティと自己の壊乱

レオ・ベルサーニの論文「直腸は墓場か?」は、八〇年代のアメリカのエイズ危機において噴出した同性愛者についての「正当化された」殺人的な表象を批判し、同性愛嫌悪的なエイズ表象が示す異性愛主義社会の「不安」を指摘する一方で、それに対抗するゲイ・ムーブメントにおいて共有されている「回避／すり替えの特徴」[Bersani 1987: 221]をも同時に批判したものである。エイズ危機の下、激しさを増す同性愛嫌悪に対抗するために、ゲイ男性のアイデンティティを撹乱的なパロディと見なしたり、ゲイのセクシュアリティを「多様性」として「贖罪」するような多元主義に陥ることをベルサーニは拒絶する[Bersani 1987: 206-209]。むしろ、セクシュアリティの魅力とは「無力さ」や「統御不可能性」

にあり、そこで経験されるような「自己のラディカルな解体と卑下」という、その圧倒的な否定性の契機においてこそ、ゲイ男性のセックスは祝福されるべきなのだ［Bersani 1987: 222］。

ベルサーニによれば、「調和のとれた強靭な身体組織」が機能する際に我々が享受する「健全な快楽」が持つ逆機能、即ち、無力さや統御不可能性の持つ魅力とは、それを拒絶したいというファルス中心主義的な衝動と同様に強力なものであり、よってセクシュアリティにおいて生じる「ラディカルな自己の解体と卑下」は「人間のセクシュアリティの根本にある」ものである［Bersani 1987: 217］。ゲイ男性が自らリスクを負いつつ示しているような、セクシュアルなものそれ自体が持つ危険性、すなわち「自己の放棄」や「自己の見失い」という否定性は、パロディや多様性といった「贖罪」的な議論のもとに回避／すり替えられてはならず、セクシュアリティの持つ「死への潜在性」こそ、祝福されるべきなのだ、と［Bersani 1987: 222］。

このいわば初期クィア理論の「古典」の一つとも言えるベルサーニの著作は、四〇年近く前に書かれたものであるが、「自己の壊乱（self-shattering）」という圧倒的な否定性にセクシュアリティの政治性――ベルサーニは用いていないが、それを「クィアネス」という言葉に置き換えることも可能だろう――を結びつけることを通じて、異性愛規範と同性愛嫌悪への抵抗だけでなく、肯定的な多様性として多元主義に取り込まれることに対する批判をすでに行っているという点において、先述した二〇〇〇年代のエーデルマンやハルバースタムらの議論と共通の問題意識の下に書かれていることがわかる。だとすれば、ベルサーニが主張する、セクシュアリティがもたらす「自己のラディカルな解体と卑下」や「統御不可能性」の政治性とは、実のところどのように可能となっているかという、ベルサーニに対してなされた批判をあらためて検証することは、現代のクィア理論における否定性への志向と〈フレキシビリティ〉の関係性を批判的に再考する上でも有用なはずだ。

（3）他者の呼び出しと距離の創出、そして消去

ここで、ベルサーニが「直腸は墓場か？」において主張する、セクシュアリティの持つ「自己のラディカルな崩壊や卑下」が、いかにして政治的ラディカルさを獲得するのかということを確認してみたい。ゲイのマチズモを規範的な男性性の「撹乱的なパロディ」として評価する議論を否定性の「回避／すり替え」と「贖罪」して批判し、ベルサーニはその政治性を以下のように置き直してみせる。

> ウィークスが述べているように、ゲイ男性が異性愛男性のアイデンティティの根本を浸食するとしたら、それはそのようなアイデンティティに対してゲイ男性がとるパロディ的な距離によるものではない。そうではなくてむしろ、それに対するほとんど狂気じみた同一化において、侵害されること(*violated*)がゲイ男性を魅きつけてやまないがためである。［Bersani 1987: 209 強調原文ママ］

興味深いことに、このベルサーニの主張において、ゲイ男性が演じるマチズモ的男性性のもつ政治性とは、それの異性愛男性からの「距離」にあるのではなく、むしろそこから距離をとることができないこと、すなわち、「自分自身への殺意に満ちた審判への制御不能な同一化」［Bersani 1987: 222］であると位置づけられている。しかし同時に、このような「ほとんど狂気じみた同一化」が、単に規範的な男性性を理想化し、規範を反復するだけではなく、ベルサーニの主張する政治的可能性へとつながるためには、それが常に「失敗」することが前提とされていることに注意しなくてはならない。

その「失敗」を担保するのは、ベルサーニがもう一方で「性的に受動的であること」と結びつけながら提示する、「女性であることとの自殺的エクスタシー」[Bersani 1987: 212] である。ベルサーニはゲイ男性のセクシュアリティを「乱交」として表象するエイズ危機下の公的言説が、一九世紀における売春婦の表象と驚くべき類似性を持つことに着目する [Bersani 1987: 211]。それらの言説においてゲイ男性が「女性の複数的なオーガズム」という幻想をより想起させるものとして表象されてきたことを指摘し、このような表象の類似において、アナル・セックスにまつわる幻想と膣によるセックスにまつわる幻想が混同されていることから、ベルサーニは権力の放棄や従属を意味する「受動的な」アナル・セックスと「女性であること」を「自殺的」という表現において結びつけ、その政治的可能性を論じている [Bersani 1987: 212]。

一方で同性愛嫌悪的な規範的男性性に、しかし同時に他方では権力の放棄や従属としての女性性に、という、この一見矛盾した二重の同一化を通じて達成される、ゲイ男性が自らの身体において明らかにするセクシュアリティにおける「自己の壊乱」という反規範的な力を、どのように理解すべきだろうか。既にキャロル＝アン・タイラーが鋭く指摘しているように、ベルサーニの議論において、ゲイ男性の男性性や「乱交」的セクシュアリティが「自己の壊乱」という政治的可能性をもった否定性として昇華されるためには、「女性であることの受動性」や「従属性」とは、そもそも自己が不可能なまでの「自殺的」な地位であるという前提の上において、初めて成り立つことになる [Tyler 2003]。タイラーはベルサーニのこの論文を、『『女性化した』乱交的アナル・セックスはファリックな機能を持っており、女性の犠牲のもとに（『女性的マゾヒスト（“feminine masochist”）』としての）理論的異装者という自我を膨張させる」と厳しく批判し、次のように述べるのだ――「直腸が墓場であるならば、明らかに膣は行き止まりということになる」、と［Tyler 2003: 94］。

つまり、ゲイ男性による理想的な男性性への同一化が、単なるファルス中心主義への追従（＝「距離をとることができないこと」）で終わることなく、ファルス中心主義を粉砕することのできる撹乱的な力を持つ「自己のラディカルな崩壊や卑下」として昇華されるためには、その「失敗」（＝「距離をとること」）を担保する「女性であること」あるいは「女性的なセクシュアリティ」を、「自殺的」なまでに受動的かつ従属的な「他者」として留めつけておくことが必要なのである。このように、他者を「否認されなくてはならないもの」として構成した上で、その「他者」に同一化する身振りにおいて、逆に「距離」を作り出すことを、タイラーは「距離のフェティッシュ化」［Tyler 2003: 105］であると鋭く指摘する。それは「実際には非同一化であるような同一化を通じたファリックなアイデンティティ」［Tyler 2003: 104］を打ち立てる行為にほかならないのだ。

さらに興味深いことに、この「自殺的」なまでの「受動性」を与えられ、他者として呼び出された「女性であること」は、ゲイ男性の規範的な男性性に対して「とることが不可能な距離」を秘密裏に作り出した後、最終的には「他者」としてさえ現われることなく――まさに〈フレキシブル〉に――消えてしまう。結論部においてベルサーニが提示する「自己の壊乱」とは、もはや、同性愛嫌悪的な異性愛男性への「ほとんど狂気じみた同一化」によるものでもなければ「女性であることへの自殺的エクスタシー」によってもたらされるものでもない。そうではなく、それは他者との関係に先立つ［Bersani 1987: 217］、対象を必要としない「独我論的な享楽（solipsistic joissance）」［Bersani 1987: 222 強調引用者］なのである。「自己の壊乱」という否定性にもとづいた政治的可能性が、「否認されなくてはいけない他者」の固定化と、その他者に対する「実際には非同一化であるような同一化」を通じて確保される「距離」を前提に動員されるのならば、それは常に「他者」の〈フレキシブル〉な従属を要請することにならないだろうか。マクルーアは異性愛的／健常的身体と結びついた、特権的な〈フレキシビリティ〉とは、主体の十全性を脅かすような複数性や分裂と結びつけられるものではなく、反対に危機の反復を通じて自らの十全性を演じることを可能にするものであると指摘している[McRuer 2006: 17]。ここでマクルーアは〈フレキシブルな〉主体として異性愛的／健常な身体をもつ規範的・特権的な主体を想定しているが、タイラーによるベルサーニ批判と合わせて読むとき、否定性をラディカルな政治的可能性として称揚するクィア・ポリティクスにおいてもまた、「他者」の固定化と消去によって成立する「例外的」かつ〈フレキシブルな〉主体が暗黙の前提として滑り込む危険性が明らかになるだろう。

3 エイズ危機と〈身体〉の境界

(1) 境界の侵犯——「感染する」同性愛とHIVの攪乱性

エイズ危機のただ中でゲイ・ムーブメントやエイズ・アクティヴィズムが直面した、噴出する同性愛嫌悪とエイズ患者に対する嫌悪と排除、そして国家の無策によってもたらされる仲間の（そして自らの）死という、いわば文字通りの「自己の壊乱」を、拒絶／回避することなく、まさにその否定性の持つ力において称揚しようというベルサーニの議論は、エイズ・アクティヴィズムにその成立の基礎を置くクィア理論においても、自己の統一性やアイデンティティの首尾一貫性といった概念に対する挑戦として、重要な役割を果たし続けてきた。ベルサーニが「自己の壊乱」として提示した、規範的で統一した自己を掘り崩してしまうセクシュアリティの力とは、クィア理論における境界をめぐる政治——すなわち、異性愛と同性愛、内側と外側、自己と他者といった明確な境界線の不可能性——に引き継がれている。本節では、そのような境界線の不可能性や浸透性を提示するというクィア理論の中心的課題が、比喩的に、そしてしばしば文字通りの、〈身体〉の境界として理論化されてきたということに注目したい。エイズ危機において生じた「一般社会（われわれ）」と「堕落した同性愛者や薬物使用者（彼ら）」という境界線の揺らぎと、だからこそその境界を強化しなくてはならないという欲望の拮抗は、「免疫系を機能不全に陥らせるＨＩＶ」という〈身体〉的イメージの創出と重なり合って機能してきたのである。

「直腸は墓場か？」と同時期に書かれたエーデルマンの論文、「言説の災厄——政治、文学理論、エイズ」（1989）は、先述のベルサーニと同様に——あるいはより明確に——エイズ危機と（身体的）境界の政治を論じたものである。エーデルマンは、エイズ危機以前から、同性愛嫌悪的な社会において同性愛は常に、不自然なもの、非合理的なもの、そして病的なものと結びつけられてきたということを指摘する［Edelman 1989: 296–297］。「西洋のゲイ・コミュニティにおけるエイズの発生という歴史的事件の前でさえも、同性愛は伝染病であり、同性愛者は異性愛者のコミュニティに寄生すると考えられていた」［Edelman 1989: 298］。つまり、同性愛嫌悪的イデオロギーにおいて、同性愛がエイズの流行以前から「伝染するもの」、（異性愛社会の）内部に「寄生」するものというレトリックで語られてきたことを踏まえたときに、エイズ危機において、まさに「文字通りの」身体が直面する問題となった「病的なもの」「伝染するもの」を単に拒絶し、正しいあり方へと「治療される」べきものとみなすだけでは不十分であることに、エデルマンは我々の注意を促す。ベルサーニと同様にエーデルマンもまた、西洋の同性愛嫌悪的イデオロギーにおいて常に同性愛と重ねられてきた「伝染病」というメタファーを拒絶するのではなく、まさにそこにこそ政治的可能性を読み取る。同性愛が「感染」し、異性愛社会を「汚染する」病気であるならば、まさにHIVへの感染は自己と他者、内部と外部といった境界を無効化させる攪乱的なメタファーに変容する可能性すら考えられるのである。

そのウィルスは、免疫システムにおける特定の細胞の元々の言説を盗用する、あるいはそれに取って代わることを可能にするためのコードを生産し、あるいは言語を話すというまさにその点において脅威を作り出す。このようにしてエイズは人体という生物学の内部に、寄生的なコピーという概念を書き込むのである。［Edelman 1989: 302 強調引用者］

ここでエーデルマンは、HIVが免疫システムの内部に「寄生」し、元々の細胞のコードを複製することによって、「外部から」きた「よそ者」を、あたかも適切／正常なものとして自然化させることと、メタファーが同様の機能を果たすことを指摘する。このように、HIVは、感染を通じてひっそりと内部に入り込み、内部と外部、適切と不適切、自己と他者を切り分ける働きをする免疫システムに対し、その「内部」のあるいは元々の言説／コードを複写し、内部と外部という境界線を書き換えてしまう、「免疫系を攪乱する潜在性」を持つのである。

その上、HIVの特性の一つは、免疫システムがそれを認識するための外皮として構成する、「外部タンパク質の遺伝子構造」を変容させることができるということにある。このようにして、HIVはよそ者や不正なものに対して自らを防御しようとする免疫システムの作用因子から巧みに逃れることができるのである。（中略）それは感染した細胞の中の、比喩論的策略としてすら機能する。ＨＩＶは身体にとって本来的もの、すなわち「文字通り（"literally"）」自分自身であるものと、形象的（figural）あるいは外的なものを識別する免疫システムの能力を攪乱しているのである。〔Edelman 1989: 302〕

このように、同性愛嫌悪イデオロギーにおいて用いられて続けてきた感染病としての同性愛というメタファーとＨＩＶの機能をあえて重ね合わせることによってエーデルマンが示して見せた、境界の侵犯あるいは不可能性のもつ攪乱性――とりわけ〈身体〉の境界として語られるそれ――は、初期のクィア・ポリティクスに引き継がれると同時に、クィア理論との重要な部分を構成し続けてきたと言えるだろう。「文字通りのもの」と「比喩的なもの」、「内部」と「外部」、「適切なもの」と「不適切なもの」、そして「自己」と「他者」を切り分けようとする支配的な規範の欲望が常に既に「失敗」に曝されているということを、エーデルマンはまさにエイズ危機のただ中において政治化したのである。それは伝染病と同性愛を結びつける同性愛嫌悪的なメタファーが、当初意図していなかったように変容してしまう「不安定で統御不可能な比喩的闘争」〔Edelman 1989: 303〕の場に、エイズの言説を置き直すことであり、拒絶するのではなく、記号の引き受けと複製を通じて書き換えてしまう「再盗用／再領有」というクィアな営みにほかならない。

（２）「戦争状態にある身体」と「優秀な免疫系という貨幣」

このような境界線の不可能性や「正常（normalcy）」という概念自体が内包する失敗や限界を暴き出すことは、クィア理論とディスアビリティ理論の行ってきた中心的な仕事の一つであるとマクルーアは指摘し、エイズ・アクティヴィズムのもとに両者の交錯点を示した〔McRuer 2002〕。エーデルマンがＨＩＶの「免疫系を撹乱する潜在性」の指摘において描き出し、マクルーアがエイズ・アクティヴィズムから引き継いだクィア理論の中心的な課題として位置づけた、境界の侵犯・無効化の持つ撹乱性は、規範が維持・強化しようとする境界と、「健全な」免疫システムが行う境界の維持という機能を重ね合わせることによって成立していることに注意を向けたい。ここで、「健全な」免疫システムとは、身体と外部世界を区別し、〈身体〉の境界を維持するように努める人間の身体機能として捉えられる。このような免疫系のイメージを、エミリー・マーティンは「戦争状態にある身体」と表現し、それは一九八〇年代のアメリカ合衆国におけるマス・メディアで最も頻繁に伝えられた身体と免疫システムをめぐる言説であったと指摘している〔マーティン 一九九六：八六〕。それは「侵略」をしかけてくる「見知らぬ敵」に対して、〈身体〉を確固とした境界をもった「防衛国家」とみなすイメージであり、免疫システムは「非自己に対して自己を防衛するという主要な機能を担っている」〔マーティン 一九九六：九四〕ことになる。(4)

つまり、エーデルマンやマクルーアの議論における、「健全な」免疫系によって保たれる統一的な〈身体〉の境界とは、まさにこの「戦争モデル」あるいは「軍事モデル」にもとづいていることが分かるだろう。したがって、彼らの議論において展開されているように、ＨＩＶへの感染がもたらす〈身体的〉境界の無効化がクィアな撹乱性として読まれるためには、その前提として、支配的な規範と重ねられる「健全な」免疫系とは、自己と他者〈非自己〉、内部と外部を切り分けようとする機能であるということになる。

しかし一方で、そして非常に興味深いことに、エミリー・マーティンの研究はそのような「軍事モデル」とは異なる免疫システムのイメージが、同時に存在したことを明らかにしている。マーティンは免疫学の領域において、身体を確固とした境界線をもった統一的なものととらえ、自己と他者を区分するよう機能するという免疫システムの「軍事モデル」は、免疫系を理解するにあたって不十分であるとしてそれを拒絶する一派があることを知り、免疫システムの「軍事モデル」とは異なったイメージを描き出す。

一般に受け入れられている見解とは異なり、免疫系は「自己」に「無知」でも、「寛容」でもなく（すなわち自己を攻撃せず）、非自己を認識し、非自己にのみ反応するのではない。免疫系がするのは、自らの体制を維持することなのだ。（中略）身体の変異によって生み出される抗体の種類は無限であるため、可能なあらゆる種類の異物に対応する抗体が前もって作られる。（中略）身体的な変異によって、それはあらかじめ出会う可能性のあるあらゆる種類の非自己を「自己」の内部に想定しているのである。［マーティン 一九九六：一七〇―一七一 強調引用者］

このように、予め内部に他者（非自己）を想定した上で、柔軟に対応し、「経験から学習し、適応できる、コミュニケーションし合う細胞のネットワーク」［マーティン 一九九六：一七〇］としての免疫系という解釈は、エーデルマンを含む一般的な免疫システムのモデル（軍事モデル）とは、全くことなるものであることがわかる。このモデルにおいて免疫システムとは、自己の維持のため、「侵入してくる他者」を攻撃・排除することで切り離し、統一された身体的境界線を作り出そうとするのではなく、むしろ反対に、自己と非自己の境界を〈フレキシブル〉にしておくことによって自己を維持する機能として捉えられる。マーティンが免疫学者へのインタビューを通じて明らかにしたように、「優れた」「健全な」免疫システムの機能とは、「内部と外部の統合性が絶えず侵犯」される事態にあらかじめ備え、〈フレキシブル〉に対応することによって「調和をもった健全さを維持する」ものとして、解釈されている［マーティン 一九九六：一六五］。つまり、このような〈フレキシブル〉な免疫系のイメージは、明確な身体的境界と統一した自己という考えに疑問を投げかけるものという意味において、エーデルマンが（軍事モデルとしての）免疫系の機能を「破壊」するＨＩＶの特性に、逆に近づくことになるのだ。

ここで急いで付け加えたいのは、〈フレキシブル〉な免疫系のイメージが、エーデルマンの論文が示したような境界の侵犯におけるクィアな可能性を必ずしも全面的に退けるというわけではではないということである。マーティンの研究が、いかに免疫系が「軍事モデル」において理解されてきたかということをも同時に示しているように、これらのさまざまな免疫系のイメージは、複雑に関連し合い、互いに矛盾し合いながらも共存してきたものである。むしろ、ネオリベラルな政治経済体制と健常主義の結びつきを示したマーティンの議論を、マクルーアとは異なる形で引き継ぎつつ、クィア理論における（身体的）境界をめぐる政治と免疫系のイメージを、〈フレキシビリティ〉という概念のもとに重ね合わせることで本章が示そうとしているのは、（身体的）境界の不可能性や侵犯は、攪乱的な可能性としてのみ機能するわけではないということ、さらに言えば、まさに境界の無効化に〈フレキシビリティ〉の要請がすべり込み、クィア・ポリティクスが「強制的な健常性」の規範を前提とし、反復してしまう危険性があるのではないか、ということである。

こうした免疫系の浮上に一部伴って、「フレキシビリティ」というものが人間や人体にとってあたりまえの新しい価値の一つとなった。(中略)新しいエリートの概念が作り出されるかもしれない。あらゆる民族、人種、ジェンダー、性的アイデンティティ、年齢集団にまたがる特定のすぐれた個人からなる新しいエリートに見出されるのは、変化に対するフレキシビリティと適応性という好ましい性質である。こうした好ましい性質を表す「通貨」は健康、とりわけ免疫系の健康である。今後、浮かび上がってくるのは、(中略)ある者が生き残り、ある者が生き残れないという「適者生存」の概念なのである。[マーティン 一九九六:一六―一七 強調引用者]

ネオリベラルな資本主義経済体制と健常主義規範とが、分ちがたく結びつくことで生じてきた理想的な(身体的)特質としての〈フレキシビリティ〉を、マーティンが「優秀な免疫系という『通貨』」と表現しているのはいかにも示唆的である。既存の規範に対する抵抗とそのラディカルな変容可能性を模索してきたクィア・ポリティクスにおいて、〈フレキシビリティ〉は規範を攪乱する能力を備え、未来の放棄や失敗といった圧倒的な否定性のもとになお生き延びることができる強靱な身体と、そうではない身体とを切り分けるものとして、機能してはいないだろうか。

おわりに

本章は、現代のネオリベラルな経済体制において称揚されると同時に要請される〈フレキシビリティ〉という特質と、クィア・ポリティクスにおける否定性への志向と境界の無効化が――支配的な規範の攪乱と変容というその意図に反して――いかに近接してしまうのかという問題を考察してきた。ネオリベラリズム体制とそれを下支えする表面的な多元主義に回収されることの拒絶という、まさにその身振りにおいて、クィアネスが「強制的な健常的身体性」という規範を無意識に反復する危険性を、エイズ危機の下で書かれた二つのテクストとエミリー・マーティンによって示された多様な免疫システムの解釈の比較を通じて提示することを試みた。それでは、能力や強靭性と切り離しがたく結びついた〈フレキシビリティ〉を前提としない、ネオリベラリズムや多元主義への抵抗と同時に、ディスアビリティ理論とクィア理論を接合すること、言い換えるならば、(自らの)「強制的な身体的健常性」という規範をも問い直していくクィア・ポリティクスを、われわれはどの地点に見出すことができるだろうか。本章ではこの問いに十分に答えることはできないが、最後に再び、エミリー・マーティンが描き出したエイズ危機における「病む」身体の理解をその糸口として提示することで、結論としたい。

マーティンは〈フレキシブル〉な免疫系というイメージ——「健全な」あるいは「優秀な」免疫システムの特質を、自己と非自己を明確に切り分けるのではなく、身体の境界を不明瞭にしておくことによって自己を維持する機能として捉える解釈——を示すと同時に、まさにそのような〈フレキシビリティ〉を欠く身体、すなわちHIVへの感染によって免疫系の機能が破壊された身体において生じる、自己と他者(非自己)の間の圧倒的な断絶の経験を記している。自己と他者、内側と外側といった切り分けを無効化する越境性にHIVの攪乱性を見出したエーデルマンの解釈とはちょうど反転する形で、マーティンはHIVへの感染と病む身体を、越えることのできない圧倒的な断絶の経験として位置づけているように見える。

マーティンは、長年エイズ・アクティヴィズムに関わってきたハリーとロンというカップルの対話から、彼らの身体が越えることのできない「境界」として立ち現れる様子を見事に描き出している。少し長くなるが、中略を入れずに引用したい。

直接的な意味で自らの死の現実に直面しているハリーにとって、彼が育んできた社会的支援の広範なネットワークは、自分が一人で死なないことを保証するものなのだ。しかし、彼はそれ以上のことを求めている。ロンに感染し、彼が自分と共に死んでくれることを欲しているのである。これはほとんど言語に絶する要求である。ハリーはそれを言葉に出して表現し、（一部は自分自身のために、一部はわれわれの調査のために）記録することを望んだ。そして、ロンにつきつけようとしたのだ。

ロンは死にゆくパートナーのそうした欲求を受け止めることができない。そうしたいという願望すら口にできないのだ。こうしてハリーは、たとえ恋人や友人に取り囲まれていても、死に行くことが完全に孤独なものであることを明らかにしている。

この異常なやりとりは、われわれが越えたり、他者に越えることを要求したりすることのできない境界があることを深く物語っている。確かにさまざまな相違をわれわれは乗り越えることができる。しかし、われわれ自身がすでに死のパスポートをもっていると思われない限り、乗り越えることのできない境界があることを、ハリーとロンのやりとりは教えてくれるのである。［マーティン 一九九六：二一六―二一九］

マーティンがここで描き出そうとしている、「乗り越えることのできない境界」とは、統一された〈身体〉にもとづく自律的な「自己」への回帰ではない。また当然、クィア理論やディスアビリティ研究が批判してきたように、〈身体〉やその脆弱性の経験（「病気である」こと）を、その物質性において均質化し、本質化することはあってはならない。ここで筆者がはっきりと主張しておきたいのは、本章の目的は「フレキシブルなクィア」に対して「インフレキシブルなディスアビリティ／病む身体」を対置させるということではないということである。(5) そうではなくて、本章の目的とは、クィア理論とディスアビリティ研究を接続させる近年の試み（とりわけクィア理論を背景に持つ理論家のそれ）が、両者の共通性を強調するあまり、クィア理論の辿ってきた軌跡を特定の形で単純化した上で、そこにディスアビリティの政治／理論（クリップ・セオリー）がこれからとるべき方向性を還元させてしまう傾向に警鐘を鳴らすことにある。クィアとディスアビリティの交錯点の模索は、それが重要な課題であるからこそ、一方を一方に還元させることによってなされることのないよう、慎重に行われる必要がある。ネオリベラリズム、そして健常性と結びついてきた〈フレキシビリティ〉という特性を、批判的に問い直し、クィア理論とディスアビリティ理論を接続する／し直す場として、今我々は越えることのできない「断絶」として経験される〈身体〉を、改めて考えることが求められているのではないだろうか。

＊本章は、『論叢クィア』（クィア学会編、二〇一三年）掲載の論文「フレキシブルな身体——クィア・ネガティヴィティと強制的な健常的身体性」（三七—五七）を、修正の上再録したものである。

註

（1）本章には直接的に関連しないため詳細は省略するが、プアの「ホモナショナリズム」に関しては、Puar, Jasbir［2007］*Terrorist Assemblages: Homonationalism in Queer Times*, Durham and London: Duke University Press. を参照のこと。

（2）『ノー・フューチャー』の第一章の元となった論考 Edelman, Lee［1998］"The Future is Kid Stuff: Queer Theory, Disidentification, and the Death Drive," *Narrative* 6（1）, Ohio State University Press. の日本語訳は、リー・エーデルマン［2018］「未来は子ども騙し――クィア理論、非同一化、そして死の欲動」藤高和輝訳、『思想』一一四一号を、その優れた訳者解題とともに参照のこと。

（3）エーデルマンの『ノー・フューチャー』［2004］は、即座にクィア理論家たちから多くの批判をも喚起した。代表的な論考として、その白人男性中心主義を批判した、Muñoz, José. E［2009］*Cruising Utopia: The Then and There of Queer Futurity*, New York and London: New York University Press. や未来の特権的象徴として理想化された〈子ども〉とこの社会を生きる「現実の」子どもとの切断によるクィアの例外化を指摘したLove, Heather［2007］"Wedding Crashers," *GLQ: A Journal of Lesbian an Gay Studies*, 13（1）: 125-139. を参照のこと。また、これらの批判を踏まえ、エーデルマンらの展開するクィアな反-未来主義に対しディスアビリティ・スタディーズの視点から批判を行った重要な論考としてKafer, Alison［2013］"Time for Disability Studies and a Future for Crips," *Feminist, Queer, Crip*, Bloomington and Indianapolis: Indian University Press. を参照のこと。

（4）そのような理解の仕方が支配的だったことを示す文献として、Sontag, Susan［1989］*AIDS and Its Metaphor*, New York: Ferrar, Strous, Giroux. を参照。

（5）本章の目的はクィア理論に内在する身体的な強靱さや特権的能力としての〈フレキシビリティ〉を批判的に考察することにあるが、そのために障害のある/無力化された身体 disabled bodiesを固定的で能力を欠く存在と位置づけることは、言うまでもなくディスアビリティを特定の身体的状況に還元させる健常/能力主義の反復にほかならない。むしろ、身体的イメージと密接に結びついた〈フレキシビリティ〉をめぐる問題が、クィアの政治だけでなくディスアビリティの政治においても同様に生じている現状については、井芹真紀子［2018］「『異なる身体』の表象：ダイバーシティ言説とネオリベラルな健常主義」青沼智・池田理知子・平野順也編『メディア・レトリック論――文化・政治・コミュニケーション』で論じている。

参考文献

マーティン、エミリー［一九九六］『免疫複合——流動化する身体と社会』管靖彦訳、青土社。＝Martin, Emily ［1994］ *Flexible Bodies: The Role of Immunity in American Culture from the Days of Polio to the Age of AIDS*, Boston: Beacon Press.

Bersani, Leo ［1987］ "Is the Rectum a Grave?," *October* 43: 197–222.

Butler, Judith ［1993］ "Critically Queer," *Bodies That Matter: On the Discursive Limits of "Sex"*, New York and London: Routledge, 223–242.

Duggan, Lisa ［2003］ *The Twilight of Equality?: Neoliberalism, Cultural Politics, and the Attack on Democracy*, Boston: Beacon Press.

Edelman, Lee ［1989］ "The Plague of Discourse: Politics, Literary Theory, and AIDS," *Displacing Homophobia: Gay Male Perspectives in Literature and Culture*, ed. Ronald R. Butler, John. M. Clum, and Michael Moon Durham: Duke University Press, 289–306.

——— ［2004］ *No Future: Queer Theory and the Death Drive*, Durham and London: Duke University Press.

Halberstam, J ［Jack］ ［2005］ *In a Queer Time and Place: Transgender Bodies, Subcultural Lives*, New York and London: New York University Press.

——— ［2011］ *The Queer Art of Failure*, Durham and London: Duke University Press.

McRuer, Robert ［2002］ "Critical Investments: AIDS, Christopher Reeve, and Queer/Disability Studies," *Journal of Medical Humanities*, 23 (3/4): 221–237.

——— ［2006］ *Crip Theory: Cultural Signs of Queerness and Disability*, New York and London: New York University Press.

Puar, Jasbir ［2007］ *Terrorist Assemblages: Homonationalism in Queer Times*, Durham and London: Duke University Press.

——— ［2009］ "Prognosis Time: Towards A Geopolitics of Affect, Debility and Capacity," *Women &*

Performance: A Journal of Feminist Theory, 19 (2): 161–172.
Sontag, Susan [1989] *AIDS and Its Metaphor*, New York: Ferrar, Strous, Giroux.
Tyler, Carole-Anne [2003] "Boys Will Be Girls: Drag and Transvestic Fetishism," *Female Impersonation*, New York and London: Routledge, 89–115.

〈編著者紹介〉

菊地夏野（きくち　なつの）
名古屋市立大学大学院人間文化研究科教員
専門は、社会学、ジェンダー／セクシュアリティ研究。主な著書に『ポストコロニアリズムとジェンダー』（青弓社、2010年）、『日本のポストフェミニズム――「女子力」とネオリベラリズム』（大月書店、2019年）。

堀江有里（ほりえ　ゆり）
日本基督教団牧師（京都教区巡回教師）、関西学院大学ほか非常勤講師
専門は、社会学、レズビアン・スタディーズ、クィア神学。主な著書に『「レズビアン」という生き方――キリスト教の異性愛主義を問う』（新教出版社、2006年）、『レズビアン・アイデンティティーズ』（洛北出版、2015年）。

飯野由里子（いいの　ゆりこ）［第四章］
東京大学大学院教育学研究科附属バリアフリー教育開発研究センター教員
専門は、ジェンダー／セクシュアリティ研究、ディスアビリティ研究。主な著書に『レズビアンである〈わたしたち〉のストーリー』（生活書院、2008年）、『合理的配慮――対話を開く、対話が拓く』（共著、有斐閣、2016年）。

〈著者紹介〉（執筆順）

光本　順（みつもと　じゅん）［第一章］
岡山大学社会文化科学研究科教員
専門は、日本考古学、クィア考古学。主な著書、論文に『身体表現の考古学』（青木書店、2006年）、“Bodily Representation and Cross-dressing in the Yayoi and Kofun Periods”（*Japanese Journal of Archaeology* 9 (2), 2022).

藤高和輝（ふじたか　かずき）［第二章］
京都産業大学文化学部教員
専門は、フェミニズム、クィア理論。主な著書に、『ジュディス・バトラー――生と哲学を賭けた闘い』（以文社、2018年）、『〈トラブル〉としてのフェミニズム――「とり乱させない抑圧」に抗して』（青土社、2022年）。

瀬山紀子（せやま　のりこ）［第三章］
埼玉大学ダイバーシティ推進センター教員
専門は、社会学、ジェンダー研究、障害学。主な著書に、『障害者介助の現場から考える生活と労働：ささやかな「介助者学」のこころみ』（共編著、明石書店、2013）、『セクシュアリティの障害学』（共著、明石書店、2005）ほか。

欧陽珊珊（おうやん　しゃんしゃん）［第五章］
立命館大学先端総合学術研究科一貫制博士課程、日本学術振興会特別研究員（DC）
専門は、クィア研究、ディスアビリティ研究。主な論文に「障害とセクシュアリティの交差についての考察——台湾の肢体障害／男性同性愛者の経験から」（『コア・エシックス』17、2021年）。ドキュメンタリー映画『The Fabulous Dilemma（選択——同志たちのおかれている状況の記録）』（監督、中国語、2012年）。

黒岩裕市（くろいわ　ゆういち）［第六章］
フェリス女学院大学ほか非常勤講師
専門は、日本近現代文学、ジェンダー／セクシュアリティ研究。主な著書に『ゲイの可視化を読む——現代文学に描かれる〈性の多様性〉？』（晃洋書房、2016年）、『読むことのクィア——続 愛の技法』（共著、中央大学出版部、2019年）。

河口和也（かわぐち　かずや）［第七章］
広島修道大学人文学部教員
専門は、社会学、ゲイ研究、クィア研究。著書は、『クィア・スタディーズ』（岩波書店、2003年）『同性愛と異性愛』（共著、岩波書店、2010年）、『教養のためのセクシュアリティ・スタディーズ』（共著、法律文化社、2018年）。

井芹真紀子（いせり　まきこ）［第八章］
東京大学大学院総合文化研究科・教養学部附属教養教育高度化機構教員
専門は、フェミニズム／クィア理論、ディスアビリティ・スタディーズ。『クィア・シネマ・スタディーズ』（共著、晃洋書房、2021年）、「反／未来主義を問い直す——クィアな対立性と動員される身体」（『思想』No.1151、2020年）。

山下　梓（やました　あずさ）［コラム］
弘前大学男女共同参画推進室教員
専門は、大学におけるジェンダー平等推進実務、国際人権法。主な論文に、「LGBTI庇護希望者の困難と保護に関する課題についての一考察」（『国際人権』No.32、2021年）、"Segregation, exclusion and LGBT people in disaster impacted areas: experiences from the Higashinihon Dai-Shinsai (Great East-Japan Disaster)"（共著, *Gender, Place & Culture A Journal of Feminist Geography* 24（1), 2017).

山本芙由美（やまもと　ふゆみ）［コラム］
Deaf LGBTQ Center代表。ろう者／クィア。兵庫教育大学院でろう幼児をもつ親の支援について研究、博士前期課程修了。2015年から2年間、ギャロデット大学（米国）でろうLGBTQ学を専攻。2018年、国際交流基金アジアセンターのフェローとしてフィリピンのろうLGBTQコミュニティの活動調査を実施。現在、「ろう×LGBTQサポートブック」や多様な性をあらわす手話表現の動画制作、ろうLGBTQ全国大会や東南アジアろうLGBTQ会議の運営等、イ

ンクルーシブなろう社会づくりを目指して活動している。主な寄稿に「やわらかな思考で社会変革の"仲介"に、ろうLGBTQ運動をめざして」（解放出版社、2017年8月）「日本の手話で長く使われてきたジェンダー表現」（全日本ろうあ連盟 季刊MIMI、2019年）

明智カイト（あけち　かいと）［コラム］
いのちリスペクト。ホワイトリボン・キャンペーン代表
「いのち　リスペクト。ホワイトリボン・キャンペーン」を立ち上げて、LGBTなどの子ども、若者たちを対象とした「いじめ対策」「自殺対策」などのロビー活動を行ってきた。主な著書に『誰でもできるロビイング入門　社会を変える技術』（光文社新書、2015年）。

クィア・スタディーズをひらく 3
健康／病,障害,身体

2023年3月30日　初版第1刷発行

編著者　菊地夏野・堀江有里・飯野由里子©
発行者　萩原淳平
印刷者　藤森英夫
発行所　株式会社 晃洋書房
〒615-0026　京都市右京区西院北矢掛町7番地
電話　075(312)0788番(代)
振替口座01040-6-32280
ISBN978-4-7710-3745-8

ブックデザイン　尾崎閑也
印刷・製本　亜細亜印刷(株)